中国共享出行行业发展报告
（2020—2021年度）

中国交通运输协会　组织编写

人民交通出版社股份有限公司

北　京

内 容 提 要

本书基于共享出行行业发展、服务行业需求的研究,并结合行业专题调研及行业专家研讨后形成,主要内容包括绪论、网约车行业发展分析、顺风车行业发展分析、共享(电)单车行业发展分析、共享停车行业发展分析、共享汽车行业发展分析和智能网联技术发展。

本书可供城市交通运输行业管理机构、"互联网+"交通新业态平台公司及其安全运营管理部门参考使用,也可供其他交通出行新业态管理与运营机构、交通出行新业态运营与安全研究机构参考。

图书在版编目(CIP)数据

中国共享出行行业发展报告.2020—2021年度/中国交通运输协会组织编写.—北京:人民交通出版社股份有限公司,2022.9

ISBN 978-7-114-18167-2

Ⅰ.①中… Ⅱ.①中… Ⅲ.①城市交通运输—交通运输发展—研究报告—中国—2020—2021 Ⅳ.①F512.3

中国版本图书馆 CIP 数据核字(2022)第 156869 号

Zhongguo Gongxiang Chuxing Hangye Fazhan Baogao (2020—2021 Niandu)

书　　名：	中国共享出行行业发展报告(2020—2021年度)
著 作 者：	中国交通运输协会
责任编辑：	戴慧莉
责任校对：	赵媛媛
责任印制：	刘高彤
出版发行：	人民交通出版社股份有限公司
地　　址：	(100011)北京市朝阳区安定门外外馆斜街3号
网　　址：	http://www.ccpcl.com.cn
销售电话：	(010)59757973
总 经 销：	人民交通出版社股份有限公司发行部
经　　销：	各地新华书店
印　　刷：	北京虎彩文化传播有限公司
开　　本：	787×1092　1/16
印　　张：	9.25
字　　数：	240千
版　　次：	2022年9月　第1版
印　　次：	2022年9月　第1次印刷
书　　号：	ISBN 978-7-114-18167-2
定　　价：	58.00元

(有印刷、装订质量问题的图书,由本公司负责调换)

中国共享出行行业发展报告(2020—2021年度)
编 审 组

组织编写单位：
  中国交通运输协会

参与编写单位：
  中国交通运输协会共享出行分会
  北京嘀嘀无限科技发展有限公司
  杭州青奇科技有限公司
  南京领行科技股份有限公司(T3出行)
  北京卓越信通电子股份有限公司
  松果出行
  广州大学
  北京建筑大学
  北京工业大学
  中国民航大学

审查组：
  胡亚东　李　刚　李　华　张　暖　江玉林
  金　懋

编写组：
  周晨静　王　益　荣　建　刘思杨　臧晓冬
  常　鑫　崔欣宇　单籽跃　刘玉景　宋霞飞
  李　灏　杨力源　宋志伟　殷　骏　付　瑶
  何　群　王　磊　莫云和　王拥民　刘　铮

前　言

在我国"创新驱动发展"的战略土壤下,"互联网+"交通新业态积极发展,孵化出了深刻变革城市公众出行模式的共享出行行业。传统巡游出租汽车与先进通信技术融合,孕育出网络预约出租汽车;社区私家车借助先进通信技术,实现邻里互助式的合乘出行;共享(电)单车更是解决了最后一公里距离的出行痛点;街道、区域发展共享停车,盘活了紧张的车位资源;汽车资源共享运营,解决了无车家庭的机动车使用需求;无人驾驶、网联汽车能够降低自然人驾驶意图的随机性,可提高道路通行效率。

共享出行行业在改革传统出行模式的同时,也对传统行业监督管理、经营机制、司乘关系带来一定冲击。中央与地方政府、行业协会、运营企业等均积极面对行业发展出现的新问题,在践行"人民至上,生命至上"的理念下,制订颁布行业发展规范、行业团体标准、地方管理规则等,助力行业健康可持续发展,为城市交通出行安全有序提供保障。

2020年至2021年,网约车行业深受新冠肺炎疫情影响,同时,各个平台也积极引导从业驾驶员协助当地政府开展防疫出行服务,体现出较好的社会责任。截至2021年,网约车行业发展经历了十余年的发展,也由初始的野蛮增长发展到如今的存量优化阶段,贯彻管理政策、提升服务质量、保障驾驶员权益成为新阶段的重点。顺风车行业属性业已明确,合乘出行属于民事互助行为,但出行过程中的安全问题依然是行业关注的要点。共享(电)单车行业找到其明确盈利模式,尤其是在我国二三线城市得到长足发展,地方政府也积极创新,探索出卓有成效的管理经验。共享停车行业为解决居住区停车难的问题,探索出多种车位资源共享模式,为城市停车治理提供方法与手段。共享汽车、智能网联等行业仍在积极破局与探索之中。

《中国共享出行行业发展报告(2020—2021年度)》(以下简称《报告》)是在中国交通运输协会共享出行分会调研行业发展、服务行业需求等工作的基础上,结合行业专题调研以及行业专家研讨后整理而成的,调研过程中得到青桔单车、南京领行科技股份有限公司(T3出行)、坚果出行、美团出行、滴滴出行、神州专车、巴士管家、欧了出行等公司的支持。《报告》内容涉网约车、顺风车、共享(电)单车、共享停车、共享汽车及智能网联汽车等行业与技术发展状况,希望能够为共享出行行业发展提供参考。

《报告》由中国交通运输协会共享出行分会秘书长、广州大学教授荣建担任主审,由北京建筑大学周晨静担任主编,由广州大学王益担任副主编。周晨静、王益协同制订大纲并组织实施。

特别感谢《报告》编写组、审查组专家提出的宝贵建议。感谢编写组北京建筑大学崔欣宇对第1章、第2章内容的梳理与编写,刘玉景对第3章内容的梳理与编写,宋霞飞、李灏对第4章内容的梳理与编写,单籽跃对第5章内容的梳理与编写,北京工业大学刘思杨对第6章内容的梳理与编写,中国民航大学常鑫、杨力源对第7章内容的梳理与编写。同时,也感谢杭州青奇科技有限公司(滴滴青桔)宋志伟、殷骏、付瑶,南京领行科技股份有限公司(T3出行)何群、王磊,北京卓越信通电子股份有限公司莫云和、中国交通运输协会共享出行分会王拥民、刘铮提供的行业发展资料。感谢北京工业大学高亚聪、汤婧、王静、陈家源、章霞对全文的校核工作。在写作过程中,还参阅了大量的中外文资料,引述文献已尽量予以标注,但难免存在疏漏,在此我们特向所有参考文献的作者一并表示衷心的感谢!

虽然我们竭尽所能想把中国共享出行行业发展描述清楚,但由于行业依然是一个新兴行业,发展变化十分迅速,数据资源获取难度大,加之研究者学识和水平有限,对有些问题研究还不够透彻,因此,报告中难免有错漏和不妥之处,恳请专家和广大读者批评指正,以便我们在后续的研究和实践中参考,并逐步提升对共享出行行业的认识水平。

编写组

2022年5月

目 录

第1章 绪论 ··· 1
1.1 网约车行业发展概况 ··· 1
1.2 顺风车行业发展概况 ··· 3
1.3 共享(电)单车行业发展概况 ··· 4
1.4 共享停车行业发展概况 ··· 6
1.5 共享汽车行业发展概况 ··· 7
1.6 智能网联技术发展概况 ··· 8

第2章 网约车行业发展分析 ··· 9
2.1 网约车行业发展特性 ··· 9
2.2 落实管理政策,提升行业认可度 ··· 12
2.3 提升服务品质,关注行业服务质量 ··· 14
2.4 践行"以人为本",重视驾驶员权益保障 ··· 16
2.5 创新驱动,自动驾驶布局入市 ··· 18

第3章 顺风车行业发展分析 ··· 19
3.1 顺风车行业基本特点 ··· 19
3.2 行业安全发展影响分析 ··· 20
3.3 顺风车团体标准解读 ··· 27
3.4 顺风车行业当前问题与未来展望 ··· 32

第4章 共享(电)单车行业发展分析 ··· 35
4.1 共享(电)单车行业发展调研 ··· 35
4.2 共享(电)单车行业发展特征 ··· 45
4.3 共享(电)单车行业发展问题与政策建议 ··· 61

第5章 共享停车行业发展分析 ··· 65
5.1 城市停车行业发展特点与问题 ··· 65
5.2 城市错时共享停车发展实践 ··· 80

第6章 共享汽车行业发展分析 ··· 99
6.1 共享汽车定义与内涵 ··· 99
6.2 共享汽车行业发展机遇 ··· 103
6.3 共享汽车行业面临的挑战 ··· 110
6.4 共享汽车行业未来发展趋势 ··· 111

第7章 智能网联技术发展	113
7.1 智能网联技术发展历程	113
7.2 道路智能网联技术发展现状及趋势	123
7.3 面向智能网联的城市共享出行发展展望	134
参考文献	139

第1章 绪 论

交通运输行业是国民经济发展的基石,也是新技术、新方法实践创新的应用场。网络预约、无人驾驶、车车通信、新能源动力等技术在交通出行领域逐一登场,带动了行业的发展与变革。我国中央政府以采取包容审慎的开放态度,推动各项新技术的落地应用,为交通共享出行行业发展提供良好政策环境。地方政府则在落实中央政府发展精神的基础上,不断创新管理模式,完善面向新出行业态的管控机制,推进行业安全、稳定的可持续发展。

交通共享出行是"互联网+"交通出行新业态的统称。在互联网技术的加持下,传统的城市交通出行模式发生了显著变化,深刻改变了城市居民的出行方式。新技术融合给共享出行行业带来发展新机遇,同时,共享出行行业也面临新的发展问题。例如,行业管理者新职责定位和管理模式、行业企业安全生产和运营组织、行业从业者权益保障等,均是共享出行行业深化改革发展过程中需要持续关注的关键领域。

作为城市"互联网+"交通新业态可持续发展的推动者,中国交通运输协会共享出行分会时刻跟踪行业发展的热点和难点,调研各地的城市优秀行业管理经验,并形成行业发展报告进行知识分享。

1.1 网约车行业发展概况

网络预约出租汽车(以下简称"网约车")服务是一种通过互联网平台对接供需信息的新型客运服务。2012年,网约车首次在我国出现。因其拥有供需信息的精确和实时匹配特性,服务效率较传统巡游出租车大幅提升,故逐步得到市场认可,经营规模迅速扩大。出于支持和规范"互联网+"新业态发展、打造新经济增长点、方便百姓出行的目的,我国于2016年相继发布《国务院办公厅关于深化改革推进出租汽车行业健康发展的指导意见》《网络预约出租汽车经营服务管理暂行办法》两个文件,使我国成为世界上第一个承认网约车合法性的国家,为行业发展创造了良好政策环境。目前,在政府和市场的共同努力下,我国网约车在市场规模上已经远远领先于其他国家,总体发展势头良好。

2020年至2021年是新冠肺炎疫情最为严重的时期,我国网约车行业在遭受新冠肺炎疫情冲击的过程中也不断成长,最为突出的表现是网约车行业向"成熟化"转变。

首先,网约车行业政府管理经验日趋成熟,虽然行业监管体制和机制仍在完善过程中,但经过2016年后的逐步摸索,政府管理部门已经明确网约车行业的基本属性和行业管理机制。

其次,伴随着网约车市场规模的平稳,网约车行业及企业在内部运营管理、司乘管理等方面不断成熟,推进行业的可持续发展。

再次,社会公众对行业的认识也不断成熟,对企业运营模式、网约车驾驶员服务质量等有客观认识,并且将网约车作为完成出行服务的待选方式。

但是随着行业的稳定与成熟,一些深层次问题更需重点关注。

(1)关注驾驶员群体实际诉求,做好风险管控工作。

据交通运输部下属全国网约车监管信息交互平台统计,截至2021年6月30日,全国共有236家网约车平台公司取得网约车平台经营许可,环比增加2家。

据交通运输部的数据显示,网约车覆盖全国300多个城市,日均完成订单量约2000万单。截至2021年11月30日,各地共发放网约车驾驶员证386万本。截至2020年底,我国网约车用户规模为3.65亿人,较2020年6月底增加0.25亿,占网民总数的36.9%。

2019年至2021年期间,随着新冠肺炎疫情的反复、持续影响,略有下降的出租车群体事件有回升趋势。风险主要来源于新冠肺炎疫情及淡季时期,因行业新旧业态矛盾、油气燃料等成本上升、出租车确权、政府清理监管及合同纠纷等,驾驶员群体收入及权益受到损害。建立统一的网络预约出租汽车驾驶员诉求与风险管控规范,协助网络预约出租汽车平台公司全面识别、管控各生产经营、活动环节可能存在的驾驶员诉求,把这些风险可能导致的后果限制在可防、可控范围之内,确保驾驶员群体稳定。

因此,行业仍需保障从业人员的权益,从源头减少群体性事件发生,确保行业稳定,从而提升行业服务质量,促进平台经济规范健康持续高质量发展。

(2)集体构建司乘信用测评标准与信息共享平台。

网约车是交通运输的新业态,它给人民群众出行带来了便利,对经济发展、就业增加、科技创新、服务改善都有很重要的意义。所以,对网约车在发展中存在的问题,要趋利避害、包容审慎、守住底线,促进包括网约车在内的整个出租汽车行业规范、有序、健康、稳定发展。

交通运输信用体系建设是建设交通强国的基础性、长远性工作,是深化"放管服"改革、加强事中事后监管、优化行业发展环境的重要内容。要加快在交通运输行业构建以信用监管为基础的新型监管机制,推动信用与现有业务、系统和流程有机融合,将信用监管作为规范市场秩序的"金钥匙",进一步提高行业治理能力和治理水平。

目前,我国网约车行业没有统一的网约车驾驶员信用评价标准,行业内企业各自为战,缺乏信息互联互通,征信服务企业无开展相关业务意向。共享经济是典型的信用经济,没有统一的信用标准,则不会有成熟的信用体系。

(3)对合规化进程中的问题给出解决方案。

按照《网络预约出租汽车经营服务管理暂行办法》规定,网约车合法经营必须"双证齐全",即车辆及驾驶员须依法办理《网络预约出租汽车运输证》《网络预约出租汽车驾驶员证》,并加入取得网约车经营许可的网约车平台,方可从事网约车经营。

网约车合规经营是为了促进网约车行业的良性发展,保障和增进市民的福祉。广大网约车驾驶员要抓住办理车辆营运证可享受办证优惠便利政策的有利时机,办理好车辆营运手续,依法合规经营。

但在实际执行过程中,车主出于对车辆保险费用、车辆折旧值的考虑,迟迟不愿做出改变车辆使用性质的决定。

为促进和方便广大网约车驾驶员办理车辆营运证,广东省揭阳市首先做出了新的尝试:将车辆准入车龄从原来的3年内修改为8年内,降低营运保险保费,简化了办证流程,明确网约车满8年退出营运改为非营运的,可继续作为私家车使用,有关网约车平台公司也出台了办证奖补措施,同时,相关车辆检测机构、保险机构、卫星定位装置运营商都为办理营运证提供便捷服务。这样的调整,从车主方面考量会有较好效果。

期望行业能够有多方尝试,共同推动合规化进程。

1.2 顺风车行业发展概况

私人乘用车合乘通常称为私人小客车合乘,也称为顺风车、拼车。2016年,《国务院办公厅关于深化改革推进出租汽车行业健康发展的指导意见》明确指出鼓励私人小客车合乘,给予顺风车行业从业者信心与鼓励。2020年,首部网约车顺风车安全团体标准《私人小客车合乘信息服务平台公司安全运行技术规范》(T/CCTAS 12—2020)发布,筑牢出行安全底线。2021年,新冠肺炎疫情同样波及顺风车行业。安全发展是2020年至2021年该领域发展主旋律,本报告重点对顺风车业态的安全影响谱系进行梳理。

为保障顺风车服务安全推进,需按着事前基本保障、事中安全监控、事后时效处置三个阶段进行分析,三个阶段均是保障顺风车服务安全推进必不可少的内容。以顺风车企业安全运营为目标,分别对三个阶段的内涵进行如下阐述。

(1)事前建设安全运营管理机制。

事前基本保障是指在顺风车合乘行为发生前为保证安全而做的一系列准备,包括平台企业设置安全管理机构和人员、制订安全管理制度以及安全教育培训、顺风车车主与乘客进入平台的审查等。为保障安全,顺风车企业应设立安全管理机构,并为机构配备规模相符的工作人员,明确具体职责,责任到人,提高负责人的责任意识。

制度建设是企业安全生产的基本保障,有了具体制度可使安全事项负责人办事时有章可循。平台企业内部机构、人员、制度的建设保障了职责明确、运转高效、衔接严密,推动顺风车安全工作顺利开展。教育培训包括对平台企业员工的培训和对顺风车车主与乘客的安全教育。对平台企业员工的培训旨在提高安全管理水平和安全操作水平。对顺风车车主与乘客的安全教育旨在提高安全行车的意识和技术水平,告知合乘中需注意的事项,尽可能降低合乘中危险事件的发生概率。合乘前重要一环是顺风车车主、乘客、车辆的准入,通过背景审查、规范注册流程等将危险源排除在外,且当发现顺风车车主、乘客、车辆不满足准入条件时,平台企业应及时清退。

(2)事中强化安全监控技术。

事中安全监控是在合乘行为发生过程中采取的措施,进行事中监控,以保证顺风车车主、乘客的安全。由于作为互联网时代的产物,顺风车是交通发展新业态,所以顺风车在运行中涉及线上线下两方面的内容,既要保证线下顺风车车主和乘客安全,又要保障线上顺风车车主、乘客信息安全。

线下顺风车车主、乘客安全要从合乘规则、安全功能、保险以及行程中的安全教育四个方面入手。合乘规则规定了在合乘时双方应该遵守的规则,比如对每天接单次数的限制、接单时间段的限制等。App上安全功能是和顺风车车主、乘客双方最直接相关的内容,在合乘过程中乘客可进行行程分享、顺风车车主信息核验、行程录音等,甚至在遇到突发危险情况时进行一键报警,因此,安全功能是确保合乘安全最直接有效的手段。保险是在发生事故后对顺风车车主、乘客双方的钱财方面的保护,尽可能地减少损失。安全教育作为软手段为双方推送安全相关知识,避免不必要危险的发生。线上保护顺风车车主、乘客信息安全要求平台企业保护顺风车车主和乘客的隐私,不将信息泄露给第三方。

(3)事后提升问题处置时效。

事后时效处置是保证在出现安全威胁或安全事故时,平台企业能及时处置,保证时效性,包括顺风车平台企业应配备专线客服人员处理投诉相关事件、制订应急预案、进行应急预案演练、配备应急处置人员等处理发生的安全事故,保证发生安全事件时可合理、迅速处置,最大限度地减少事故造成的损失。

1.3 共享(电)单车行业发展概况

共享(电)单车指共享单车企业在一些公共场所提供的(电)单车租赁服务,采用分时计费的运营模式,一定程度上解决了市民出行"最后一公里"的问题。共享(电)单车在短短几年的快速发展中为人们的出行带来了极大的便利,但也正由于仅仅是短短几年,快速发展抢占市场的背后也带来了很多问题与挑战。

(1)共享(电)单车业态发展政策环境利好,企业车辆投放数量稳步提升。

共享(电)单车是"互联网+"、共享经济大时代下的创新型模式,不仅带来了出行行业的变革,也促进了就业,并带动相关产业链的发展,符合"创新、协调"理念。共享(电)单车是典型的绿色交通出行,服务公众出行的同时也降低机动车使用数量,在很大程度上可以缓解城市交通拥堵,符合"绿色出行、低碳生活"的理念。我国当前共享(电)单车运营模式虽然与最原始"分享"经济相出入,但兼具便捷特点的同时也具有典型的"人人可用"的共享特性,符合"开放、共享"理念。共享(电)单车行业发展积极响应国家"创新、协调、绿色、开放、共享"的新发展理念,由此也得到政府的支持与帮助。

自2017年8月交通运输部等十部委发布《关于鼓励和规范互联网租赁自行车发展的指导意见》后,全国各地区纷纷响应国家政策,因地制宜,制定适合本地共享(电)单车行业发展的相关条例。截至2021年9月,共享单车在全国800余城投放运营。目前包括滴滴青桔、美团单车、哈啰出行主要运营企业,在全国投放近2200万辆共享单车,平均每天提供出行服务8100万次。

2021年,交通运输部在2021年政协第十三届全国委员会第四次会议第[2436]号提案答复函中,明确表示"共享电单车属于慢行交通,是绿色出行体系的一部分。当前阶段,共享电单车可以作为部分城市公共交通的一种有益补充"。从国家顶层政策上看,中央部委逐步肯定了共享单车与共享电单车在骑行降碳、补充公共交通运力等方面展现的价值定位。截至2021年底,共享电单车在全国500余城投放运营。以滴滴青桔、美团单车、哈啰出行、松果出行为主导的运营企业,在全国投放近900万辆共享电单车,平均每天提供出行服务4500万次。

(2)共享(电)单车业态运营情况良好,科技水平逐步提升。

共享(电)单车企业利用互联网技术优势建立全链路智能系统,包括城市脉搏系统(青桔)、智能城市运营管理体系(松果)等,可通过开通账号的方式登录查看企业数据,具备展示企业车辆总量分布和实时定位的功能,满足主管部门数据监管与政企共治的需求。通过展示各城市行政区维度的车辆总量分布、车辆实时定位与电子围栏筛选、运维人员和运维工单处理进度、计价规则、单车定位和设计理念、平台证照信息等内容,协助行业主管部门掌握(电)单车业务实况,为行业主管部门提供共享出行业态监管中枢。企业平台依托企业出行数据、AI计算平台,构建城市中短途出行需求的预测能力。通过北斗+GPS双模式高精度导航定位技术,实现"定点还车、入栏结算",实现智能调度运营,优化车辆调派,助力共享(电)单车融入智慧出行交通体系。

(3)共享(电)单车行业发展热度持续。

在全社会营造绿色低碳发展理念背景下,城市低碳出行成为未来发展的必然趋势之一。共享(电)单车作为绿色交通出行的方式之一,在特定场景下也得到了广泛的应用,使用共享(电)单车出行可以满足绝大部分通勤人群的日常需求。对比共享(电)单车、私人电单车、公交车、地铁、网约车和出租车等不同交通工具的特征,结合共享(电)单车限速、出行成本等考量因素,5千米内使用共享(电)单车出行在性价比、综合体验方面更有优势。

未来,一线城市、二线城市对于共享电单车逐步引入,但监管将趋于严格。同时,共享电单车业务向三线及三线以下城市扩展,有效弥补公共交通不足的现状。我国有1300多个县级行政区,加上270个左右的地级市,共享(电)单车可以满足居民对3~10千米的出行需求,为业态发展提供广阔空间。

(4)共享(电)单车业态发展经验与问题并存。

通过对三省七市的共享(电)单车业态发展调研,总结出共享(电)单车行业存在三条好经验和三个突出问题,并提出相关建议。

①好经验有:a.强化顶层设计,形成引导、管控、考核的闭环管理;b.推动联动管理,构建齐抓共管的行业协作管理局面;c.重视技术发展,提升行业管理效能与监管水平。

②突出问题有:a.政策法规依据不足,管理职责难明确;b.各地行业管理发展水平不一,企业区别施策;c.行业数据资源统计难度大,整体发展情形难说明。

③相关建议。

第一,管理工作建议有:

a.以制度为底线,订立企业运营要求;

b.以规划为约束,限制企业无序投放;

c.以考核为手段,规范企业运营行为;

d.以联动为机制,强化行业管理协作;

e.以数字化、信息化为依托,提升行业监管水平;

f.以精细化、高效化为目标,优化行业管理效能。

第二,行业未来发展建议有:

a.制订全国顶层政策措施,解决城市政策依据不足问题;

b.由交通运输部牵头,联合国家发展改革委等10部门,对《关于鼓励和规范互联网租赁自行车发展的指导意见》(交运发〔2017〕109号)进行评估,根据共享出行发展的新形势与新

需求,对政策文件进行修订完善,解决行业政策与发展不匹配的问题;

c. 建议明确将共享(电)单车定位为准公共服务属性和绿色出行属性,将共享(电)单车纳入城市公共交通体系,将共享(电)单车出行分担率纳入城市公共交通分担率与绿色出行分担率中,解决共享(电)单车服务属性不明朗的问题;

d. 指导各个城市因城施策,建议出台城市共享(电)单车科学发展的一揽子政策规划,服务共享(电)单车发展,解决部分城市管理经验不足的问题;

e. 充分发挥行业协会力量,积极推广监管平台建设,提高共享(电)单车有序化管理水平,提升共享(电)单车利用效率;

f. 全国、上级部门、社会的全局监督,让好的企业有发展、差的企业能淘汰,规范行政执法流程,让共享(电)单车企业有法可依、违法必究;

g. 建议各城市参照部际联席会议,建立"共商共建共治共享"的治理体系。

1.4 共享停车行业发展概况

本报告中将共享停车统称为城市停车,整理了传统城市商业停车的发展变化,也重点分析了我国区域停车资源共享的实践性工作,总结发展经验,提出未来发展建议。

(1)政府重视停车问题,国有资本加速入局。

随着城市停车从存量管理阶段、增量建设阶段进入综合治理阶段,城市停车平台公司应运而生。站在城市大交通的视角,一个城市需要解决的是交通出行问题,如何处理动态交通与静态交通的关系,如何处理存量车位盘活与增量车位建设的关系,如何统筹城市交通资源、缓解交通拥堵,如何推动绿色出行等低碳环保方式,成为城市管理者面临的新课题。这个阶段,成立国资主导的城市停车平台公司就水到渠成了。加上道路停车这样的公共资源,交付给国资企业能够避免国有资产流失,同时,停车大数据的公共安全需求也是国资主导城市停车平台的重要原因。因此,地方政府主导成立国资系统的城市停车平台公司,负责城市停车平台建设,就成为主流趋势。北京、上海、成都、杭州、济南、山西等省市纷纷成立城市停车平台公司,有北京静态交通投资运营有限公司、上海畅停信息科技有限公司、成都交投智慧停车产业发展有限公司、杭州市停车产业股份有限公司、济南城市静态交通管理运营集团有限公司、山西静态交通建设运营有限公司。

(2)城市停车行业数字化、智慧化转型取得显著成效。

继2019年立体停车建设得到推进之后,车辆停放时空信息数据资源成为城市政府、行业企业关注的热点,停车行业智慧化与数据化进程加速。城市停车是城市机动车交通出行的末端环节,城市停车管理政策是行业发展的基本脉络,2020年至2021年国家及地方政府出台系列停车行业智慧化发展支撑政策。城市停车企业智慧化转型升级效果明显,城市停车治理效能大幅度提升;技术积淀企业积极入局停车市场,为停车行业发展带来新活力。

(3)城市停车发展问题依然紧迫。

当前,我国城市停车发展取得明显成效,但"停车难、乱停车"现象尚未有效改观,少数关键瓶颈仍待打通,亟待重点突破,具体有:

①国家层面重点完善土地和产权政策,城市政府打通政策"最后一公里";

②城市层面应坚定、持续、有策略地推进城市停车严格执法;
③将停车纳入老旧小区改造范畴,探索可推广的成功范式;
④切实做好普查和规划设计,建设必要的、合适的停车场;
⑤加强宣传与经验交流,树立正确观念,为工作开展奠定良好认识基础。
(4) 面向居住区的错时共享停车工作有了较好实践。

北京、上海、成都等城市均围绕解决居住区停车难的问题开展系列实践工作,且提供了丰富的实践模式。以上海市为例,其错时共享停车政策定位民生问题,明确共享停车工作细则;用第三方机构,探索共享停车市场体系;加强整合统筹,谋取更大范围供需平衡;构建市级平台,提升停车共享信息服务;健全工作机制,强化停车共享推进合力。而同期推行错时共享停车的成都市,定位市场问题,大力培养共享停车市场;重视顶层制度,积极实践有为政府理念;引入国资企业,探索平台金融发展体系。这些实践模式均为我国各地城市进一步推广错时共享停车起到较好借鉴作用。

1.5 共享汽车行业发展概况

1948 年,瑞士出现了共享汽车项目—社区邻里共享汽车模式,被广泛认为是现代共享汽车的初始形式。其核心是以有限的车辆,通过合理的调配,在不同的时间,为不同拥有使用权的顾客服务,从而达到车辆利用效益最大化。

在经历了自发性合作、非营利机构运营、传统商业运营后,随着移动互联网、移动支付和新能源汽车的迅速发展,共享汽车进入了互联网商业运营阶段,但共享汽车行业整体发展并不乐观,存在一系列问题。

(1) 汽车行业转型升级,共享汽车业态有较好发展土壤。

①共享汽车业态有着较好政策土壤。为推动我国新能源汽车行业的发展,中央及各级政府鼓励共享汽车运营补贴和网点建设,有力推动业态发展。面向共享汽车平台主要提出了全国鼓励新能源共享汽车政策、共享汽车平台运营补贴政策、共享汽车网点数量指标以及共享汽车平台押金政策等。

②共享汽车业态有着较好现实需求。城市道路资源不堪重负、停车位紧缺,各地陆续出台不同形式的"限牌限号"政策使得私家车规模不可能无限制地扩张。"购车摇号"政策出台后,机动车保有量高速增长得到有效抑制。随着居民消费观念的改变,越来越多的人对于拥有汽车和使用汽车的看法发生了变化,很多年轻人慢慢地接受了租车模式。

(2) "三难"问题制约着共享汽车业态的发展。

共享汽车平台公司依然是总资产的运营模式,一般企业很难有足够资金去投入足够多运营车辆,这便限制了其开展全面调度工作,规模拓展难决定该业态必须明确其服务对象,全民普及式的商业模式难以开展;共享汽车多为新能源汽车,在使用过程中,新能源汽车的续航与充电问题,是制约提升使用体验感的难点,但随着我国大力普及新能源汽车及其配套设施,该问题会得到一定程度缓解;共享汽车使用者出行目的地不一致,停放区域停车管理政策、停车费用成为制约业态发展的难题之一,违法停车罚款问题、停车费用高昂等都成为增加企业运维成本、商业盈利点不明确的关键原因。

1.6 智能网联技术发展概况

车联网技术的进步和智能交通基础设施的升级促使智能网联汽车技术逐步走向应用,具体包括综合利用电子技术、无线通信、信息融合、智能车辆、人机交互等技术手段,通过车车通信、车路通信实现智能网联车辆交通信息实时感知和车辆间信息交互,进而有效优化车队管理,提高车队运行效率和安全性。

随着交通出行逐步向低碳化、智能化、互联化的模式发展,城市发展同时也在朝着可持续化、管理动态化、治理现代化的方向快速发展。智能网联技术在共享出行行业中的整合应用,可促进克服自动驾驶技术、电动汽车技术、共享出行平台各自的技术瓶颈,面向未来发展。

在梳理智能网联技术发展历程的同时,提出智能网联技术推进下的共享出行行业发展展望。

(1) 未来汽车的使用方式和产品内涵将会发生极大的改变,在智能网联技术的加持下,汽车成为万物互联的重要的一个环节,共享出行已经不仅仅是一种简单的出行方式,共享汽车也不仅仅是一个独立的个体。汽车成为一个按需取用、公众共享的社会服务工具,智能网联汽车的共享使得城市运行效率增高,居民对于城市各类资源的享用有了更加方便快捷的抵达方式,汽车从简单的代步工具发展成为个性化的智慧服务空间,居民乘车出行将会是享受互联网及汽车工业发展的一个过程,面向智能网联的城市共享出行对于提高居民幸福感具有很大的战略支撑作用。

(2) 共享汽车的参与方会越来越多,不仅有政府、汽车厂商、互联网平台、用户的参与,城市大数据管理平台、信用体系平台、基础设施平台智能化建设承包商等也会参与进来,多方共同构建智慧共享出行集成化体系。智能路网的建设投入、人工智能的发展,产、学、研、官、用等领域的开放合作,协同研发,"互联网+"的商业化思维帮助智能网联及共享出行相关企业吸引融资,增加智慧共享出行的普及度。

第 2 章　网约车行业发展分析

2.1　网约车行业发展特性

2.1.1　网约车发展规模

自 2010 年易到用车在京成立,国内共享出行新业态——网约车拉开序幕。经过十余年的发展,网约车从无序疯狂增长阶段逐步转变到稳定、规范、合法化阶段,并保持着强劲的发展势头和强大的市场潜力。

就用户规模而言(图 2-1),2014 年我国网约车行业迎来历史上第一个爆发增长期,用户规模急速扩张,增幅接近 600%。随后,受到网约车政策和经济形势的影响,网约车用户规模在 3.5 亿上下波动。截至 2020 年 3 月,用户规模达 3.62 亿。

图 2-1　历年网约车用户规模及年增长率

就交易规模而言,2015 年,我国网约车市场整体交易规模为 370.64 亿元,2019 年网约车市场整体交易金额达 3044.1 亿元(图 2-2)。2019 年以后,网约车市场交易规模增速放缓,但巨大的用户规模也使得市场交易规模体现着强劲的发展势头。

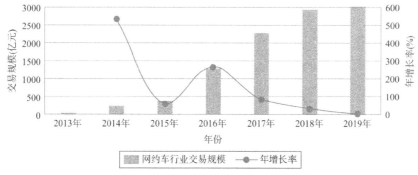

图 2-2　历年网约车行业交易规模及年增长率

但在 2020 年,中国网约车市场规模约为 2499.1 亿元,同比下降 17.9%。主要原因是受新冠肺炎疫情影响,宏观经济增长放缓、收入低于预期,用户的消费更为谨慎,同时,新冠肺炎疫情防控措施抑制部分出行需求的释放。

2.1.2 网约车行业发展阶段

在我国,行业内通常将网约车发展大致分为"萌芽""爆发增长"和"规范发展"三个阶段。

(1)"萌芽"阶段(2010—2012年):2010年5月,我国第一个手机打车平台——易到用车在北京成立,同年9月在京正式开通用车服务,随后,其业务范围扩张至全国其他省市;2012年,快的打车和滴滴打车先后上线运营。通过手机移动互联网打车的出行方式正式进入公众的视野。

网约车服务因其精确、实时的运行模式,服务效率大幅提升,业务规模迅速扩大,快速进入第二阶段。

(2)"爆发增长"阶段(2013—2015年):网约车企业数量规模、网约车用户数量都在爆发增长,网约车服务空间范围迅速扩大。除滴滴出行、易到用车以及快的打车以外,Uber、神州专车等线上叫车平台不断涌入国内市场。据统计,常见的打车软件多达40种以上。网约车业务的空间范围从一线城市市区运行,逐步在全国的各大城市市区和远郊区推广。此外,2014年,快的打车、滴滴打车、Uber相继推出了"专车"服务(网络预约专车服务),在提升服务质量的同时,用户群体从普通民众出行扩展到了公务出行等,用户规模和交易规模快速增长。

(3)"规范发展"阶段(2016年至今):由于网约车企业之间、网约车企业与传统出行服务企业之间的竞争不断加剧,在监管不足时市场出现恶性竞争,对城市交通和城市经济产生了一定影响。2016年,交通运输部出台《网络预约出租汽车服务管理暂行办法》,网约车行业的合法地位被国家所认可,网约车市场从此走向了规范发展的道路。截至2021年7月,各地网络预约出租汽车小平台逐渐兴起,至少有200家平台获得运营证书。

2.1.3 2020—2021年网约车行业发展统计

自2020年10月起,我国的网约车企业数量持续增长。由此也可以看出,虽然存在新冠肺炎疫情的影响,但网约车业态仍处于持续发展中,且目前国内新冠肺炎疫情趋势已经趋于稳定,网约车企业确实有回温现象,网约车企业数量发展趋势如图2-3所示。

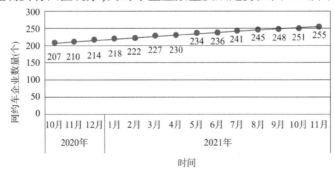

图2-3 网约车企业数量发展趋势

根据《网络预约出租汽车经营管理暂行办法》规定,网约车驾驶员需要持证上岗。无论是网约车平台、网约车辆,还是网约车驾驶员,都需要专门的证件。车主需同时持有网络预约出租汽车驾驶员证和网络预约出租汽车车辆运输证,才可驾驶网约车从事网约车服务。

根据数据显示,网约车驾驶员证和网约车车辆运输证的持有情况也随着政策的颁布发生明显变化,合规证件数量处于持续上升状态。网约车行业运行具体数据见表2-1。

网约车行业运行状况　　　　表2-1

年份	月份	网约车企业数量（个）	网约车驾驶员证（万本）	网约车车辆运输证（万本）	订单信息（万单）	订单量超过30万单的平台(个)
2020年	10月	207	254.5	105.9	6.3	8
	11月	210	271.9	111.1	6.6	8
	12月	214	289.1	112	8.1	10
2021年	1月	218	308.6	116.1	7.3	9
	2月	222	329.1	122.9	5.6	9
	3月	227	336.4	125.5	7.6	14
	4月	230	338.9	127.7	7.6	14
	5月	234	344.1	130.7	8.01	15
	6月	236	349.3	132.7	7.01	13
	7月	241	351	135.7	7.77	17
	8月	245	352.6	136.2	6.43	18
	9月	248	359.5	141.8	6.49	16
	10月	251	375.4	145.5	6.92	18
	11月	255	386.4	149.9	6.23	17

随着网约车新政的颁布,我国网约车业态逐步走向合规化管理。目前,交通运输部每月都针对各平台订单合规数量进行统计,并在次月中旬进行公布,对网约车运营合规化进行动态监督,同时,也鼓励民众对此进行监督,实现了对居民的出行的保障。具体合规证件数量变化趋势如图2-4所示。

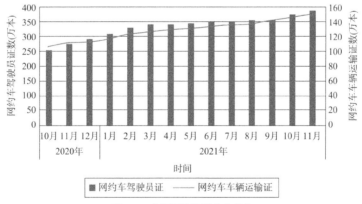

图2-4　合规证件数量变化趋势

提高合规率、加快合规进程是当前政府管理部门的主要管理工作之一。根据交通运输部统计数据可以看出,每家企业双证全面的合规驾驶数量并不是很高,所以,真正的双证驾驶仍需要国家层面的监管、地方政府管理机制的完善及各企业的积极改进。根据对交通运输部发布的数据进行整理,合规订单比例在80%以上的企业排名见表2-2。

合规订单80%以上的企业排名　　　　　　　　　　　　表2-2

网约车企业	排　　名												
	2020年			2021年									
	10月	11月	12月	1月	2月	3月	4月	5月	6月	7月	8月	9月	10月	11月
滴滴出行	1	1	7	6	6	10	11	11	9	13	13	12	16	15
曹操出行	2	4	4	2	3	7	8	7	6	9	9	9	11	10
T3出行	3	3	3	4	2	2	5	5	3	4	7	6	9	7
神州专车	—						7	6	4	8	8	8	8	5
美团打车	5	6	8	7	7	11	12	13	11	16	15	14	13	13
花小猪出行	8	2	10	9	9	14	14	14	12	17	17	15	17	16
万顺叫车	4	5	9	8	8	12	13	12	10	14	9	11	14	14
首汽约车	6	7	6	3	4	8	9	8	7	11	11	10	12	11
享道出行	7	8	1	1	1	2	4	1	2	3	1	3	1	1
如祺出行	—		5	5	5	1	2	2	5	1	1	1	2	2
伴个桔子	—									15	16	16	18	17

除此之外,结合交通运输部发布的数据也可以看出,网约车平台的运行已经逐步趋于多元化。图2-5所示为我国网约车平台订单数据变化情况,从中可以发现,我国的网约车订单总数呈现平稳发展的趋势,更多的是随着时间或新冠肺炎疫情的影响而在一定范围内变化。但是,仔细观察订单量超过30万单的平台则可以发现,在订单总量保持基本持平的情况下,订单量超过30万单的平台数量正在逐月升高。也就是说,现在网约车乘客在进行网络约车时可以选择的平台更多、更丰富了。

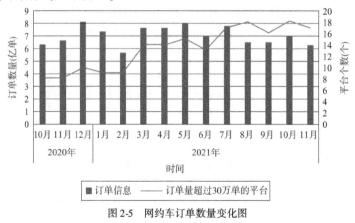

图2-5　网约车订单数量变化图

2.2　落实管理政策,提升行业认可度

2.2.1　推广网约车管理政策,网约车行业地位得到认可

(1)按时间。

华南理工大学周惠在《网约车管理政策创新扩散影响因素研究》中分析得出,我国网约

车管理政策扩散大致经历了三个阶段。

①2016年6月至2016年10月，由于我国政府于当年7月份出台《网络预约出租汽车经营服务管理暂行办法》，需要一定时间传达至地方政府，且地方政府在制定出台网约车管理政策前需要经过大量调研、拟定草案并公开征集修改意见，因此，这一阶段只有少许城市采纳了网约车新政，创新扩散增长缓慢。

②2016年10月至2018年12月，认可采纳网约车管理政策的城市数量爆发式增长。尤其是在2016年12月至2017年12月这一年中，网约车管理政策呈加速扩散趋势，采纳城市数量200余个（占分析城市的78%）。

③2018年12月至2020年4月，各地颁发网约车管理政策增长速度明显降低，网约车管理政策在经历了前一个阶段的迅速扩散后基本达到饱和状态，至此，网约车管理政策基本实现全国范围内的扩散。

（2）按空间。

截至2020年3月，全国共有255个城市采纳网约车管理政策，其中包括4个直辖市、15个副省级城市、15个省会城市和221个地级市。山西、安徽、福建、江西、河南、湖北、湖南、广西、贵州、青海10个省（自治区）所有地级市均采纳了网约车管理政策；陕西、甘肃、西藏、新疆四个省（自治区）只有个别地级市采纳网约车管理政策，还有大部分地级市未采纳。各省（自治区）采纳网约车管理政策情况如图2-6所示。

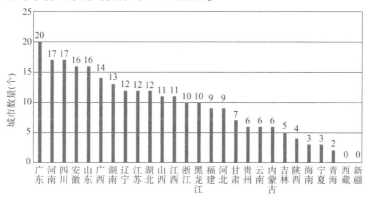

图2-6 各省（自治区）采纳网约车管理政策城市数量

（图片摘自《网约车管理政策创新扩散影响因素研究》）

我国网约车管理政策的爆发时间是2016年12月至2017年5月。这印证了2016年7月，我国颁布了《关于深化改革推进出租汽车行业健康发展的指导意见》和《网络预约出租汽车经营管理暂行办法》，网约车管理政策在全国各地级市纷纷响应，形成了创新扩散的爆发期。国家有关网约车管理相关文件的发布，加速了网约车管理政策的扩散。

2.2.2 强化网约车合规运营，网约车行业管理逐步规范

网约车行业带动城市就业、提升居民出行效率，为公众所认可。但有序的商业化发展是行业健康可持续的基本条件。在2021年滴滴出行上市风波后，"滴滴出行App"遭到下架处理，由此产生网约车市场新用户注册的空档期，其他各家网约车平台有意开始新一轮的用户抢夺行为，引发不良的行业现象。由此，2021年9月1日，交通运输部会同中央网信办、工业和信息化部、公安部

以及国家市场监督管理总局等交通运输新业态协同监管部际联席会议成员单位,对多家网约车平台公司进行联合约谈,要求其规范企业发展行为。另外,上海市政府管理部门在 2017 年至 2020 年这四年间,每年都对网约车企业进行约谈,针对网约车问题进行调和。广州、天津、兰州、石家庄、重庆以及成都等多地都对网约车企业进行约谈,促进网约车在当地规范化发展。

整体来看,各级、各地城市政府认可网约车行业发展带来的好处,同时也做出如下要求。

(1)坚守依法合规经营底线。各平台公司要严格落实平台、车辆和驾驶员"三项许可",做到"平台持证经营,车辆持证载客,驾驶员持证上岗"。要立即停止招募不合规车辆和驾驶员,在驾驶员新注册时,对于无法提供许可证件的不予注册。要加快清退平台既有的不合规车辆和驾驶员,要求符合条件的驾驶员和车辆尽快申请办理网约车相应许可。

(2)维护公平竞争市场秩序。各平台公司要强化公平竞争意识,尊重市场规则,进一步规范经营行为,不得利用资本恶性竞争、无序扩张,不得排除和限制竞争,不得扰乱正常市场秩序,特别是不能以虚假宣传诱导驾驶员加入,更不能把经营风险转嫁给驾驶员。要聚焦提升服务质量和安全运营水平,依靠为社会公众提供安全、优质的出行服务来赢得市场。

(3)保障司乘人员合法权益。各平台公司要在促进科技进步、繁荣市场经济、便利人民生活、增加社会就业中发挥积极作用。要科学制订平台派单规则,保障驾驶员获得合理劳动报酬和休息时间;要规范定价行为,降低抽成比例,主动向社会公布计价规则、抽成比例等,切实保障司乘人员合法权益。

(4)落实安全稳定主体责任。各平台公司要切实履行企业主体责任,对可能引发不稳定风险的经营行为要全面排查和整改。要畅通驾驶员表达诉求渠道,避免矛盾激化和事态蔓延。要进一步加强安全工作,强化驾驶员背景核查和安全教育,切实保障乘客出行安全。

(5)保障用户信息和数据安全。各平台公司要严格落实用户信息和数据安全相关法律法规要求,认真履行个人信息保护责任,未征得用户同意,不得向第三方提供用户个人信息。各平台公司在用户数据收集、传输、存储和处理等环节,要依法建立相关数据安全管理制度,采取必要的安全技术和管理措施。

我国各网约车平台公司应强化自律行为,按照政府管理部门要求认真排查自身问题,及时改进;要加快推进合规化,形成切实可行的网约车合规化工作方案。

2.3 提升服务品质,关注行业服务质量

2.3.1 关注网约车服务质量,行业服务水平不断提高

网约车已经成为现代交通体系的一部分,具有灵活、便捷、支付方便、等车时间短等特点,为出行者提供更加高效的服务。然而,由于初始阶段驾驶员进入门槛低、平台监管不严等原因,网约车在爆发式增长的背后不可避免地存在许多服务质量问题,例如驾驶员一边开车一边打电话、吃东西等危害行车安全的行为,预估的价格、时间与实际偏差较大,驾驶员的服务意识不强、服务态度较差,甚至出现性骚扰和人身伤害等事件,极大地降低了用户使用网约车出行的热情。因此,如何对网约车服务质量进行测评,提出改善服务质量的相关措施从而保持其竞争优势,已成为网约车行业的首要任务。

2021年5月25日,"上海交通"发布《2021年一季度上海市网约车平台投诉排名》。文章称,受理有关网约车平台各类诉求3286件,环比下降14.09%。其中投诉2379件,占比72.40%,平均每万单投诉为0.23件,环比降低9.26%。2021年第一季度,网约车平台平均处置及时率为99.92%。根据12345市民服务热线平台回访满意率统计,2021年第一季度上海市网约车平台回访测评满意率为38.46%。

投诉热点主要集中在"服务质量""未履行订单""马甲车"和"多收费"四个方面,共1221件,环比下降25.46%,占网约车投诉总量的51.32%,平均每万单投诉为0.12件。

(1)"服务质量"投诉情况。"服务质量"投诉375件,位居投诉之首,占网约车投诉总量的15.76%,平均每万单投诉为0.04件,环比下降44.69%。投诉主要反映行程中驾驶员态度不佳、危险驾驶以及因行驶路线错误产生纠纷等。

(2)"未履行订单"投诉情况。"未履行订单"投诉332件,占网约车投诉总量的13.96%,环比上升32.27%,每万单投诉为0.03件。投诉主要反映确认订单未履行、中途抛客等。

(3)"马甲车"投诉情况。"马甲车"投诉共258件,占网约车投诉总量的10.84%,环比上升84.34%。每万单投诉为0.02件。投诉主要反映实际用车与平台预约车辆信息不符,或使用无资质车辆和驾驶员营运。

(4)"多收费"投诉情况。"多收费"投诉256件,占网约车投诉总量的10.76%,环比下降54.85%,每万单投诉为0.02件。投诉主要反映网约车绕道行驶、随意加价,同样行程价格不一以及重复收费等。

2.3.2 网约车行业媒介形象常态化,社会对行业认知逐步理性

《新京报》对网约车的报道有着明显的阶段性特征,不同阶段网约车有着不同的媒介形象,本报告对既有研究整理见表2-3。

阶段性媒介形象汇总　　　　　　　　　　　　　　　　表2-3

时间	创新扩散阶段	相关议题	网约车媒介形象
2013年	改革先驱者	改革创新	出租车的创新者
2014年	早期采纳	行业监管、市场扩张	公共交通市场重要补充的新宠
2015—2016年	早期大众	政策讨论	无证出租
2017—2019年	晚期采用者	行业监管、安全性	监管不足
2020年	落后采用者	日常经营行为	日常出行工具

网约车的出现与出租车是密不可分的,因此,早期的网约车没有固定的媒介形象。《新京报》在2012年份、2013年份的报道标题中经常出现"打车难""电召""打车软件"等关键词。最早通过电话预约和打车软件等方式去解决北京地区出租车饱受诟病的"打车难"问题,《新京报》在早期电话预约和打车软件出现后,开展小规模讨论和探索出租车的违规行为。早期并未形成"网约车"及"网络预约出租车"等相应概念,因此,媒体在报道时基本使用电话约车和软件打车,报道对象多为使用电召出租车和使用"互联网+交通"软件的出租车。现实情况是,乘客通过电话预约或网络平台呼叫的出租车基本全是隶属于各大出租车公司的出租车。因此,早期的网约车没有相应的媒介形象。

随着各平台用户数量的快速增长,媒体大众不再将网约车和出租车混为一谈,网约车开始产

生自身的媒介形象。2014年《新京报》关于网约车市场行为的报道共12篇,仅次于行业监管报道的数量,表明从那时起,大众对"网约车"的使用频率开始提高,资本市场开始涌入网约车行业,各大网约车平台和公司开始融资,通过对自家网约车平台进行补贴、调价等行为吸引消费者选择。2014年12月18日的一篇报道《百度投资Uber加入打车大战》,指出网约车市场在"技术创新、开创国际化市场、拓展中国O2O服务"方面开疆拓土。可见,此阶段的网约车注重于技术创新和提升服务水平上面。由于网约车的加入,使公共交通系统受到了较大的影响,因此,网约车的媒介形象被认为是公共交通市场的"新宠"。此时的报道基调基本以中性为主,只有2014年1月30日的一篇《打车软件抢地盘致部分群体打车难》文章中指出:"不会使用App致使部分群体打车难""快的软件骗补攻略操作难度大",报道基调为负面,指出技术创新给部分人群带来不便。

由于网约车平台的低门槛使得一些私家车车主打着"专车"的旗帜,在网约车平台上非法拉客。2016年《网络预约出租汽车经营服务管理暂行办法》出台之前,有一段政策的空窗期,该期间网约车合法性十分模糊,"网约车"约等于"专车",因此,关于行业监管和政策讨论相关的议题是被报道次数最多的。《新京报》关于网约车报道的重点在于私家车在网约车平台上注册并接单的行为并未受到平台监管,此类未取得经营许可的驾驶员和非营运性质的车辆是否构成非法营运,答案为:是。因此,陆续出现网约车按无证出租车被查处的报道。尽管《新京报》从多种角度分析解读相关政策,但总体倾向于政府应该为网约车出台宽松的政策以促进网约车发展。

网约车所有议题中最引人关注的为网约车的安全性。安全事件是随时有可能发生的随机事件,因此时常被报道,但2018年是一个关键年份,该年份网约车安全性的相关议题热度达到新的高度,议题数量仅次于同年的行业监管类议题。2018年的两件重大安全事故引发网络热议,一个是郑州空姐下班后乘坐顺风车遇害,另一个是乐清女子乘坐顺风车遇害。虽然在行业内部,网约车与顺风车是两类不同业态,但对于公众来说,均是载客的运输服务。由此,顺风车安全事故却将网约车安全性议题推向了舆论焦点。从报道基调上看,除安全性议题的基调以负面为主外,其他议题的基调基本都以中性为主;从报道内容上看,大部分与安全相关的报道以驾驶员针对女性乘客的犯罪为主,只有极少数敲诈、抢劫、危险驾驶的相关报道。由于当时网约车平台在经营过程中也是初次面临如此的舆论风波,且所建立的预防手段和监管举措并未发挥实效。

在经历一系列变化后,网约车的媒介形象最终回归到作为日常出行工具的本质属性上。在2019年之后,安全性和相关政策等不再是报道议题的重点,网约车的日常经营报道次数有所增加,例如,2020年12月29日《网约车"一键叫车",利于老人利于平台》一文中评价了网约车平台的"一键叫车"功能,文章对网约车平台的"一键叫车"功能大加赞赏,欣赏"互联网的惠泽不能漏了老年人群体"的行为,展现了网约车平台细致便捷的服务。此时,网约车的媒介形象回归到作为日常出行工具的本质上,因此,网约车相关的总体报道数量也急剧减少。

从以上变化过程可以看出,我国社会对网约车行业认识逐渐趋于常态化和理性化,尤其是对网约车驾驶员,更将其视为社会建设大家庭中的一员。

2.4 践行"以人为本",重视驾驶员权益保障

2.4.1 网约车驾驶员群体特征与职业困境

党的十九大报告指出,"要推动互联网、大数据、人工智能和实体经济深度融合,在中高

端消费、创新引领、绿色低碳、共享经济、现代供应链、人力资本服务等领域培育新增长点、形成新动能"。作为新动能重要组成部分的网约车,经过近十年的发展,已经成为人们日常生活中重要的出行方式,与此同时,其也创造了大量就业机会。据《2019年网约车市场分析报告》数据分析,截至2019年12月,我国网约车用户达3.92亿人,与2016年情况相比,网约车用户规模增长了3倍,每年用户规模均保持增长。网约车驾驶员群体也已成为就业市场不可忽略的组成部分,其生存状态与发展前景成为政府关注的热点内容之一。

国内学者专门针对网约车驾驶员职业发展情况进行研究,具体有《杭州网约车驾驶员职业现状观察》《"网约车"驾驶员的群体特征与职业困境》等。通过研究分析,可以得知网约车从业人员存在以下问题。

(1)"高收入"与"高劳动强度"的博弈。

网约车驾驶员的收入水平与其工作时长有很大关系,"多干多得,少干少得,不干不得"在这一行业体现得淋漓尽致。网约车驾驶员根据自己的接单量来获得收入,驾驶员所获得的直观经验就是"接单越多,钱也就赚得越多"。在这种"提成制"收入模式的刺激下,其埋头于接单、工作,以期获得尽可能高的收入,由此带来的就是网约车驾驶员有时容易自主选择用高强度工作换取相对更高的收入。一方面,他们想获得高收入,另一方面,高强度的工作又会对他们的身体健康产生影响,进而影响其工作状态和收入水平。因此,如何处理高收入与高劳动强度之间的关系,成为网约车驾驶员面临的一个职业困境。

(2)"工作自由"与"工作稳定"的两难。

网约车实行"订单制"工作模式,在这种模式下,网约车驾驶员具有较大的自主性,可以自由决定自己的工作量,工作状态好时就多接单,感觉累的时候就可以给自己放假。但是一般来说,网约车驾驶员为了提高个人收入,在激励机制的刺激下都会最大限度参与到"接单"当中,加班加点,减少休息时间。订单量的减少也导致同行之间的过度竞争,这种竞争亦加剧了工作的不稳定性。

(3)劳动权益保障政策需进一步完善。

部分网约车驾驶员每天工作超过十个小时,劳动强度大,这给他们的身心健康都带来了较大影响。此外,网约车驾驶员对意外事故和人身安全问题均比较担忧,且网约车驾驶员的社会保障与其他相关福利享有情况不太乐观。从调查数据来看,网约车驾驶员社会医疗保险的购买率最高,86.3%的人购买了此项保险;其次为养老保险(61.5%);第三为失业保险(55.1%);其他为福利性保障,与其工作密切相关的工伤保险的购买率也不到五成。访谈资料也显示,社会医疗保险的购买率虽然较高,但大多是网约车驾驶员自己通过社区或街道购买的,并不是网约车平台提供的,网约车驾驶员的社会保障与相关福利享有情况仍有较大的改善空间。目前,滴滴平台采用"关怀宝"举措,基本参照工伤保险覆盖驾驶员的职业伤害保障。

不同于传统业态,新业态的工伤保险单险种购买在政策上仍然未全面放开,目前,相关部门正在积极推进代替工伤保险的新业态职业伤害保障险。

2.4.2 网约车行业成为驾驶员"权益之车"

交通运输部的数据显示,网约车覆盖全国300多个城市,日均完成订单量约2000万单。截至2021年11月30日,各地共发放网约车驾驶员证386万本。然而,网约车驾驶员的知情权和监督权并没有随着行业规模的扩大而得到更好的保障。2021年12月,交通运输部、中央宣传部、中央网信办、国家发展和改革委员会、公安部、人力资源和社会保障部、国家市场监督管理总局、中华全国总工会八个部门联合印发《关于加强交通运输新业态从业人员权益保障工作的意见》,要求网约车平台要合理设定抽成比例上限、支持从业人员参加社会保险、保障从业人员获得合理休息。

数据显示,2019年网约车市场交易规模为2095亿元,较上年增长27.2%。虽然,2020—2021年网约车行业受到新冠肺炎疫情影响,网约车用户数量有所下降,但随着新冠肺炎疫情平稳之后社会经济恢复正常,网约车行业的发展前景依然被看好。与此同时,驾驶员端活跃用户为2051.7万,相比于2019年年初增长了19.8%。网约车行业已然成为一个拥有庞大从业人数的行业,在中国公共交通体系占据一定的地位。

随着网约车行业格局初步确定,其发展已经趋于平稳,也就意味着这一行业进入存量发展阶段。如何获得最大利润将是企业考量的问题之一,尤其是网约车平台,其利用市场优势,很容易形成对网约车驾驶员的不对等博弈,如此会造成一系列恶性循环。由于网约车驾驶员被抽成后平均单费收入偏低,不得不保持一定订单数量以保证收入,这会造成驾驶员长时间工作,身体疲劳,服务质量也会随之下降。

由此可见,网约车平台高抽成与驾驶员过劳工作及劳动权益之间有一定的关系。此次8个部门要求网约车平台合理设定抽成比例上限,就是要解决网约车驾驶员的权利痛点。当网约车行业拥有如此巨大的市场规模,涉及从业人数如此之多,也就必然要承担起相应的社会责任,注重包括抽成在内的利益分配举措公平性和普惠性,让广大从业者能够获得合理回报。

当然,网约车行业作为新兴行业,本身也处于不断探索发展中。网约车平台要承担什么样的平台保障责任、如何合理厘清平台日常运营成本与驾驶员劳动报酬之间的边界,需要有关部门与社会各界、网约车平台与驾驶员之间有更多开放式讨论和协商,制订兼顾各方合理收益的发展模式,让网约车行业成为从业者的"权益之车"。

2.5 创新驱动,自动驾驶布局入市

2020—2021年,我国无人驾驶技术得到迅猛发展,其产业落地期望在网约车市场有所突破,分别在上海、成都、北京等城市开展了示范性应用。目前,已有第一批约20万人,成为乘坐L4级自动驾驶车辆的"尝鲜者"。自2020年开始,国内自动驾驶企业扎堆向普通用户开放试乘体验,体验试乘已成为2020年自动驾驶的新热点。据滴滴出行等第一批向市民开放服务的企业统计,自滴滴自动驾驶在上海首次落地后,通过滴滴App预约报名的用户,几天内就达到了数万。除滴滴之外,百度、文远知行、小马出行等企业也先后在长沙等不同城市,向普通用户开放了类似服务。

对于首批乘客的种种评价,业内人士持开放接纳的态度。当自动驾驶从"闭门造车"的研发阶段发展成一种产品和服务时,必然需要经受使用者的评判。

第3章 顺风车行业发展分析

3.1 顺风车行业基本特点

顺风车是驾驶人(车主)在线上确定了自己的行车路线后,在线下顺路捎带与自己出行时间及地点匹配的需要帮助的乘车人,由乘车人支付一定费用,分摊路途成本的一种方式。驾驶人不会因为乘车人的需求改变出发时间、行驶路线和目的地,但一般来说会在大方向一致的情况下,尽量做到让乘车人到达目的地。顺风车通过移动互联网技术和相应软件,使得乘车人和驾驶人在平台中获取出行信息,在匹配度高的订单中相互选择,驾驶人将在订单中约定的时间接上乘车人,并将其送到指定的地点。大多数乘车人会支付油费分摊的费用,有部分驾驶人也会为乘车人免单,不收乘车人分摊油费的费用,只是象征性地收取一分钱,完成订单流程。顺风车行业有着以下明显的行为特征。

(1)非营利性。顺风车的非营利性是最重要的特征,也是区别于"黑车"和出租车的首要特征。驾驶人不直接或者间接追求经济利益,象征性地向乘车人收取部分驾驶发生的出行费用,比如燃油费、过桥过路费等,仅是一种互帮互助的行为。顺风车信息服务平台已经按照公里数及每公里数的定价计算出了乘车人应当支付的油费成本,行业的默认收费标准为:按照公里数进行收费,价格是前3km收费10元,根据地域不同,每增加1km,加收1.2~1.3元,没有驾驶人驾驶劳务等额外费用。在类似案件的法律判决中认为,"分担一定的运输成本是一种合乎人情的行为,并非以营利为目的,适当地分摊费用与以获取报酬为目的的有偿服务是有明显区别的"。

(2)公益性和互助性。驾驶人与乘车人在时间、地点、出发路径极大相似性的情况下,才产生了共享性,因此,将顺风车的一大特点总结为公益性和互助性,其实等同于好意同乘的好意性。北京市正式颁布了《北京市交通委员会关于北京市小客车合乘出行的意见》,该意见是国内首个关于拼车的指导意见。该意见指出:如果出行者因为出行线路一致而共同搭乘同行人的车辆,属于合乘行为。在实际生活中,再匹配的路线,也需要驾驶人去约定地点接乘车人,可能与要去的目的地方向不大一致,但需要稍微绕路接乘车人。如果驾驶人的行驶方向是自己的行驶目的地,即使存在为了乘车人修改行驶线路的现象,也是属于好意同乘。所以,拼车有公益性和互助性的属性,虽然好意性程度不同,但好意性的特征属性不会改变。

(3)双方的合意性。顺风车的产品逻辑是当驾驶人设置好自己的驾驶路径之后,接受系统推送的乘车人请求订单,以明示的方式达成双方合乘的合意性。虽然根据当事人双方对合乘合意搭乘方式的不同,可以分为驾驶人主动邀请型合乘和乘车人主动请求型合乘,但最终的逻辑还是驾驶人对乘车人搭乘的同意。顺风车提倡一对一,如果驾驶人车辆上还有其他同乘人员,或者乘车人还有其同伴一起搭乘,都应该双方相互告知,并取得对方的同意,不能强行乘坐或者无偿"偷坐"。不然,这对驾驶人和乘车人来说都增加了一些不可预见、不可控制的风险,利益衡量显失公平。

(4)即时信息发布及确定联络方式。驾驶人与乘车人通过顺风车 App 平台找寻与自己出行时间、起点、目的地匹配的订单,确认后可进入联系界面约定细节,或者直接电话沟通。驾驶人需按照约定,在顺路的情况下,将乘车人带到指定的地点。

(5)配套的信用评价机制。驾驶人和乘车人对此次搭乘出行在平台上做相互评价。平台要完善评分机制,建立信用体系,供之后的驾驶人和驾驶人参考。

3.2 行业安全发展影响分析

顺风车出行作为出行新业态得到国家支持,但安全运营问题成为行业发展瓶颈。本报告从规范顺风车出行服务企业安全运营的角度出发,采用社会科学领域中的扎根理论为主要研究方法,通过访谈,获取政府、企业、驾驶人与乘车人等顺风车出行利益相关者对顺风出行安全防范的意见与观点,经过理论饱和度检验、观点提炼与编码、范畴梳理与解析等步骤,共梳理出289个观点、38个概念、6个范畴,提出应该从构建安全基本保障、明确驾驶人和乘车人准入与退出机制、完善安全运行规则、构建信息安全保护机制、提高客服投诉与响应能力、开展应急管理建设6个方面规范顺风车出行服务企业的安全运营,并逐步梳理出顺风车出行服务企业安全运营要素谱系,规范了顺风车服务企业运营行为,为顺风车出行安全管理与监管提供理论依据。

3.2.1 顺风车行业安全影响谱系分析背景

顺风车出行是依托互联网信息技术进行出行信息撮合,实现非营运出行车辆的空间共享。该模式为公众出行带来了新的解决方案,是国家所鼓励的交通共享出行新业态。然而,随着顺风车出行体量的增加,出行安全问题成为社会舆论关注的热点,甚至成为制约行业发展的瓶颈。围绕顺风车出行公共安全问题,法律、保险、交通等专业领域学者开展专门研究工作,也得到一定共识。

在安全责任边界上,界定顺风车性质为非营运性质,合乘行为属于纯粹的民事行为,因此,平台属于安全保障责任人,而非承运人,不承担主体责任,但具有信息审核和提供真实、准确、合格、合法车辆及驾驶服务的义务;在事故责任赔付上,合乘行为并没有改变车辆的运营性质,在出现责任事故后,保险公司应提供理赔;在运输规则上,驾驶人以自身出行需求为前提、事先发布出行信息,出行线路相同的人选择合乘车辆,每车每日合乘次数具有一定限制。但是,顺风车出行核心步骤是提供顺风车出行信息撮合的平台企业(简称"顺风车服务企业"或"顺风车企业")提供信息撮合服务,更是顺风车企业的生产行为,在安全责任边界、事故责任赔付、运输规则等明确的基础上,应该有更为系统的法规约束,才能强化整体业态的可持续发展。

本报告拟在当前研究的基础上,从规范顺风车企业安全生产的角度开展研究,通过广泛地收集意见与建议,并对收集的资料进行编码分析,继而提炼概念与范畴,构建理论框架,提出顺风车企业安全营运影响谱系。具体做法是:将收集的原始资料作为开放性编码,对开放性编码进行分解与比较,形成具体的概念与范畴;通过对不同范畴的开放性编码进行凝练,形成主轴编码;再对主轴编码进一步选择比较与凝练,形成主范畴与副范畴,即明确具体模块;最后明确各个模块之间相互逻辑关系,形成选择性编码并提出核心范畴架构。本报告通过形成开放式编码、主轴编码、选择性编码三个阶段,探索各编码之间的内在关系,构建理论谱系,形成一套顺风车企业安全运营影响谱系。技术路线如图3-1所示。

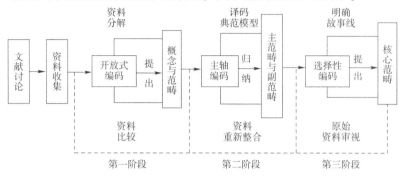

图3-1 技术路线图

3.2.2 顺风车行业安全影响谱系分析基础

资料收集是顺风车行业安全影响谱系分析的基础。资料收集的主要方式是访谈咨询。为保证最终谱系的科学合理性,应重视从多视角下开展访谈工作,从而保证基础数据的全面、充实。

在受访者上,分别选取利益相关的四方,包括政府管理人员、平台企业管理人员、顺风车驾驶人(车主)、顺风车乘车人,并且从不同年龄阶段、性别、工作性质、学历等方面进行多维选取。同时,要求访谈人员具有一定的知识储备,针对不同类型的受访人群可从不同的角度询问,掌握访谈的核心,引导受访者从自身的立场出发发表看法。开展具体访谈前,研究团队对当前网络中有关顺风车的新闻报道、专家观点和研究文献进行梳理,作为访谈问卷设计的基础。具体访谈内容为:

(1)你认为2018年顺风车恶性杀人事件责任在谁?
(2)顺风车企业在实际运营过程中应该尽到哪些安全责任?
(3)顺风车驾驶人(车主)在实际行驶过程中应该遵守哪些原则?
(4)顺风车乘车人在实际乘车过程中应该注意哪些安全问题?
(5)如果发生安全事件,驾驶人、乘车人、顺风车企业三者应该如何协作解决?

另外,为了让受访者有充分的时间思考,引导其充分表达自己的真实想法,访谈应采取一对一的方式面对面进行,每个受访者的访谈时间不少于50分钟。

本报告共选取60个访谈对象,其中政府工作人员5名、平台企业管理人员10名、顺风车驾驶人(车主)20人、顺风车乘车人25名,访谈人员主要来源见表3-1。

3.2.3 顺风车行业安全影响谱系提取过程

首先,对收集的四方意见进行编码处理。编码处理过程包括开放式编码、主轴编码、选择性编码三个阶段。

受访人员基本信息 表 3-1

访谈对象	基本情况	性别 男	性别 女	年龄 20~30岁	年龄 31~40岁	年龄 41岁以上	所在部门 交通委出租处业务部	所在部门 道路运输管理局法务部	所在部门 公安交通管理局安全部	工作年限 5年以下	工作年限 6~10年	工作年限 11年以上	学历 本科及以下	学历 硕士	学历 博士
政府工作人员	样本人数	3	2	1	2	2	2	2	1	1	3	1	—	—	—
	比例(%)	60	40	20	40	40	40	40	20	20	60	20	—	—	—
平台企业管理人员	样本人数	7	3	4	4	2	3	2	5	6	2	2	—	—	—
	比例(%)	70	30	40	40	20	30	20	50	60	20	20	—	—	—
顺风车驾驶人员（车主）	样本人数	16	4	3	10	7	—	—	—	5	11	4	8	9	3
	比例(%)	80	20	15	50	35	—	—	—	25	55	20	40	45	15
顺风车乘车人员	样本人数	15	10	10	10	5	—	—	—	15	6	4	17	6	2
	比例(%)	60	40	40	40	20	—	—	—	50	30	20	68	24	8

（1）开放式编码。

开放式编码是分析处理原始语句的过程。分析处理原始语句时，要保持受访者谈话中独立的语句，提炼语句中的关键内容，同时，应保持开放包容的态度对独立语句、关键内容逐句、逐条进行编码，尽可能全地列出受访者的观点。

对60名受访者的谈话内容进行总结，剔除无关语句和模糊不清语句，共得到289条原始语句。通过对原始语句拆分，分析其表达意思，将表达意思相同或者相近的语句进行分类归纳，概括语句本质内容，将原始语句进行概念化。在概念化过程后期出现的概念与前面的概念重复越来越多，新概念的数量会越来越少，直至无新概念出现为止。通过对原始语句的概念化过程，最终得到38个概念。

进而将概念进行范畴化分析，通过对38个概念进一步分析，将同类的概念进行整合归类，更深层次地浓缩，将38个概念整合为16个范畴，分别为：安全组织机构与人员、管理制度、驾驶人（车主）注册、乘车人注册、退出机制、保险、合乘规则、安全功能、安全教育、信息储存、隐私保护、投诉响应情况、投诉处理满意情况、应急预案、应急演练、应急处置。由于访谈资料数量较多，本报告不再列出所有的开放式编码形成过程，仅将访谈记录中代表性语句、开放性译码列出，见表3-2。

开放式编码过程与形成的概念、范畴 表3-2

访谈记录中代表性语句	开放性译码	
	概念化	范畴化
企业应该有不同的机构分别处理不同事务，并且每个机构里有一定量的工作人员	机构人员	安全组织机构与人员
明确规定各个机构的具体责任，责任到人	机构的职责	
企业的主要负责人应有管理的专业知识	管理人员培训	
平台应制订相关的管理制度，指导相关工作的开展	管理制度	管理制度
什么样的人才能注册顺风车驾驶人（车主），有年龄、工作条件限制吗	驾驶人（车主）条件	驾驶人（车主）注册
注册成顺风车驾驶人（车主）很麻烦，过程很烦琐	驾驶人（车主）注册流程	
一般的车辆就能成为顺风车，只要能自己开上路就可以注册	车辆的条件	
最好未满18周岁的未成年人禁止乘坐顺风车	乘车人条件	乘车人注册
乘车人注册还需要提供身份证件、头像等信息	乘车人注册流程	
当发现驾驶人（车主）或者乘车人有违法犯罪行为时，应立即禁止这类驾驶人（车主）、乘车人进入顺风车行业	封禁行为	退出机制
驾驶人（车主）、乘车人的什么行为属于严重行为、一般行为、轻微行为，应该有明确的界定	建立评价体系	
保险企业需如何赔偿，保险企业能否以车辆使用性质改变导致危险程度显著增加为由拒绝赔偿？驾驶人（车主）和乘车人的权益如何保障？	车辆损坏，保险赔偿	保险
保险企业是不是也可以针对顺风车推出特定的险种呢？在私家车正常商业保险的基础上，可以增加一个可选的独立险种，让私家车既可以低成本得到保险保障，又可以参与到共享交通中去，缓解城市交通和环境压力	关于顺风车的单独险种	

续上表

访谈记录中代表性语句	开放性译码	
	概念化	范畴化
驾驶人(车主)、乘车人合乘中的保险是由谁来购买,是驾驶人(车主)方购买还是平台企业购买	保险购买人或单位	保险
顺风车合乘中出事后能赔付多少?顺风车平台企业应购买的保险额度是多少	保险额度	
顺风车驾驶人(车主)每日的接单次数是否有限制	接单次数限制	合乘规则
乘车人是否能选择车主?驾驶人(车主)是否能选择乘客?最终的决定权在谁手里	派单方式	
是否应该展示给双方头像、照片、性别等信息	信息显示	
驾驶人(车主)能否接和他线路不一致的乘车人的单	派单范围限制	
如何做好顺风出行中安全保障?是否可以鼓励顺风车驾驶人(车主)和乘车人参与进来,与平台共同承担事中人车一致性验证的责任。(如鼓励乘车人在上车前对车牌、驾驶人(车主)等信息与手机App上显示的信息进行校验,平台应在乘车人上车前提醒乘车人,在乘车人手机客户端提供车牌号、车辆照片、驾驶人(车主)照片等信息便于乘车人进行人车一致性核验)	人脸识别	安全功能
提供给驾驶人(车主)与乘车人双方在乘车前再次验证对方身份的机会,包括提供给乘车人驾驶人(车主)头像照片、车辆牌照、车型车身颜色等信息及提供给驾驶人(车主)乘车人的头像信息	行程信息核验	
合乘过程中要求驾驶人(车主)全程开启App	全程开启App	
当发现合乘车辆偏离路线轨迹时发出安全提醒	行程提醒	
合乘过程中驾驶人(车主)是否强制要求开启全程录音功能	行程录音功能	
顺风车App上添加紧急联系人功能,以方便发生事故后进行联系	紧急联系人功能	
合乘新用户在注册前需要进行安全教育培训	安全培训	安全教育
平台应向驾驶人(车主)、乘车人推送合乘相关的内容,进行安全教育学习	安全学习	
平台企业应允许驾驶人(车主)和乘车人对自己的信息进行编辑、修改	信息管理	信息储存
驾驶人(车主)和乘车人信息需要在平台内保存一定的时间	信息保留时间	
未经驾驶人(车主)和乘车人同意,企业不得泄露信息给第三方	隐私保护	隐私保护
客服响应效率制度需要完善	客服响应效率低	投诉响应情况
据身边乘坐过顺风车的同事反映,遇到问题后拨打客服电话,无人接听	客服无人接听	
顺风车驾驶人(车主)曾被乘车人投诉语言、动作性骚扰,客服回应将会依照企业规定进行处理,但了解,该驾驶人(车主)仍在继续开顺风车	客服处理不满意	投诉处理满意情况
顺风车平台企业在发生事故时,应用相关预案,确保事故处理可顺利进行	应急预案	应急预案
平台企业应定期组织应急预案演练的,确保真正发生事故时能熟练处理事故	应急演练	应急演练
当发生重大突发事故时应迅速报告给上级部门进行处置	信息报告	应急处置
对于发生的公共安全事件,相关部门应该立即启动相关应急预案进行处置	应急响应	
平台企业应自己有应急处置的财力、物力、人力,保障应急救援工作的顺利进行	应急保障	

(2)主轴编码。

上一步形成的范畴化译码实际上为副范畴。分析副范畴中译码之间的关系,将副范畴进一步整合归纳,形成主范畴。本报告借鉴 Corbin 学者对于扎根理论的研究,运用其文中提到的模型:发生情景—采取的措施—行动的结果,将 16 个副范畴译码进行反复分析总结,最终得到 6 个主范畴,即 6 个主轴编码,它们分别为:安全基本保障、驾驶人(车主)和乘车人准入、平台安全运营、信息安全保护、安全投诉与响应、应急管理。主轴编码结果见表 3-3。

主 轴 编 码 结 果　　　　　　表 3-3

副 范 畴	主 范 畴
安全组织机构与人员	安全基本保障
管理制度	
驾驶人(车主)注册	驾驶人(车主)和乘车人准入
乘车人注册	
退出机制	
保险	平台安全运营
合乘规则	
安全功能	
安全教育	
信息储存	信息安全保护
隐私保护	
投诉响应情况	安全投诉与响应
投诉处理满意情况	
应急预案	应急管理
应急演练	
应急处置	

(3)选择性编码。

选择性编码是将上一步得到的主轴编码进一步深度挖掘,找到主轴编码中的本质内容,并且系统性地将每一主轴编码与其他编码建立关系,得到顺风车企业安全运营影响谱系。选择性编码最终得到的是可以将主范畴内容通过故事线串联起来的具有逻辑性的理论框架。按着企业从建立到运营的发展顺序梳理顺风车企业安全运营影响因素,本报告将顺风车安全运行划分为:事前基本保障、事中安全监控、事后时效处置。主轴编码对应的选择性编码见表 3-4。

(4)理论饱和度检验。

顺风车企业安全影响谱系由对与顺风车相关的利益四方的深度访谈资料得到,为保证谱系的合理性与完整性,需对模型进行理论饱和度检验。本报告利用检索顺风车文献、收集新闻报道、查阅公众号文章等互联网手段收集的资料样本进行检验,使用相同的方法对网上获得的资料进行编码,对编码后的结果进行分析,发现未出现新的概念。因此,该影响谱系已经达到饱和状态,该影响谱系是完整可行的,顺风车企业安全运营影响谱系如图 3-2 所示。

选择性编码过程　　　　　　　　　　　　　　　　　　　　　表 3-4

主 轴 编 码	选择性编码
安全基本保障	事前基本保障
驾驶人(车主)和乘车人准入	
平台安全运行	事中安全监控
信息安全保护	
客服投诉与响应	事后时效处置
应急管理	

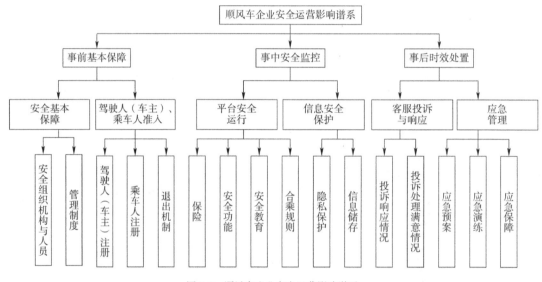

图 3-2　顺风车企业安全运营影响谱系

3.2.4　顺风车行业安全影响谱系阐述

为保障顺风车安全运行,需按着事前基本保障、事中安全监控、事后时效处置三个步骤进行分析,三个阶段均是保障顺风车安全运行必不可少的内容。以顺风车企业安全运营为目标,分别对三个阶段的内涵进行如下阐述。

(1)事前基本保障。

事前基本保障是在顺风车合乘行为发生前为保证安全而做的一系列准备,包括平台企业设置安全管理机构和人员、制订安全管理制度以及安全教育培训、顺风车驾驶人(车主)与乘车人进入平台的审查等。为保障安全,顺风车企业应设立安全管理机构,并为机构配备规模相符的工作人员,明确具体职责,责任到人,提高负责人的责任意识。制度建设是企业安全生产的基本保障,有了具体制度可使安全事项负责人办事时有章可循。平台企业内部机构、人员、制度的建设保障了职责明确、运转高效、衔接严密,推动顺风车安全工作顺利开展。教育培训包括对平台企业员工的培训和对顺风车驾驶人(车主)与乘车人的安全教育。对平台企业的教育培训旨在提高安全管理水平和安全操作水平。对驾驶人(车主)与乘车人的安全教育旨在提高安全行车的意识和技术水平,告知合乘中需注意事项,尽可能地减少合乘中危险事件的发生。合乘前重要一环是顺风车驾驶人(车主)、乘车人、车辆的准入,通过背景审查、规范注册流程等条件将危险源排除在外,且当发现顺风车驾驶人(车主)、乘车人、车辆不满足准入条件时,平台企业应及时清退。

(2)事中安全监控。

事中安全监控是在合乘行为发生过程中采取的措施,进行事中监管,以保证顺风车驾驶人(车主)、乘车人的安全。由于顺风车作为互联网时代的产物是交通发展新业态,所以顺风车在运行中涉及线上线下两方面的内容,既要保证线下顺风车驾驶人(车主)和乘车人安全,又要保障线上顺风车驾驶人(车主)、乘车人信息安全。线下顺风车驾驶人(车主)、乘车人安全要从合乘规则、安全功能、保险内容以及行程中的安全教育四个方面入手。合乘规则规定了在合乘时双方该遵守的规则,比如对每天接单次数的限制、接单时间段的限制等。App上安全功能是和顺风车驾驶人(车主)、乘车人双方最直接相关的内容,在合乘过程中乘车人可进行行程分享、驾驶人(车主)信息核验、进行行程录音等,甚至在遇到突发危险情况时进行一键报警,因此,安全功能是确保合乘安全最直接有效的手段。保险是在发生事故后对驾驶人(车主)、乘车人双方在钱财方面的保护,尽可能多地减少损失。安全教育作为软手段为双方推送安全相关知识,避免不必要的危险发生。线上保护顺风车驾驶人(车主)、乘车人信息安全要求平台企业保护驾驶人(车主)和乘车人的隐私,不将信息泄露给第三方。

(3)事后时效处置。

事后时效处置是保证在出现安全威胁或安全事故时平台企业能及时处置保证时效性。顺风车平台企业应配备专线客服人员处理投诉相关事件,制订应急预案、进行应急预案演练、配备应急处置人员等处理发生的安全事故,保证发生安全事件时可合理、迅速处置,最大可能地减少事故造成的损失。

3.3 顺风车团体标准解读

私人小客车合乘是"互联网+"模式下的交通出行新业态,创新了商业组织模式,便捷了公众出行过程。但由于缺乏规范性安全约束,合乘信息服务平台公司在迅速成长的同时,也给社会带来了诸多生命财产安全问题。中国交通运输协会共享出行分会在明确合乘出行基本属性及法律定位的基础上,参照我国相关法律及行政管理办法制定了《私人小客车合乘信息服务平台公司安全运行技术规范》。从安全组织机构、安全制度建设、安全技术要求等方面对私人小客车合乘服务企业提出了规范性要求,为落实平台安全责任、营造和谐高效的出行环境、推动共享出行行业持续健康发展发挥重要作用。

3.3.1 顺风车团体标准编制背景说明

私人小客车合乘也称顺风车或拼车,该模式由来已久,同一区域居民通过熟人介绍或其他媒介实现搭便车的过程是常见的组织模式。网络通信技术的发展打破了原有拼车模式地域与人际关系的限制,可以实现陌生人之间的顺路合乘。拼车合乘出行,于公有利于缓解交通拥堵和降低空气污染,于私能够节约出行时间以及出行成本,是公众欢迎、政府鼓励的出行模式。自顺风车行业投入市场至今,全国各地已有17家信息平台公司在400多个城市开展了顺风车业务,累计注册车辆已达3000万辆。2016年印发的《国务院办公厅关于深化改革推进出租汽车行业健康发展的指导意见》明确定义顺风车或拼车为私人小客车合乘,是由合乘服务提供者事先发布出行信息,出行线路相同的人选择乘坐驾驶人的小客车、分摊合乘部分路程的出行成本或免费互助的一种共享出行方式。然而,随着顺风车恶性刑事案件的发生,也导致其模式的安全问题也受到社会广泛关注。交通运输部与公安部于2018年9月联合印发了《交通运输部办公厅公安部办公厅关于进一步加强网络预约出租汽车和私人小客车合乘安全管理的紧急通知》,要求立即开展行业安全大检查,全面排查行业安全隐患和薄弱环节。围绕安全机构设置、安全例会制度、驾驶员准入原则、安全功能设计、调证协作机制等事项,安全检查工作有效推进,规范了检查企业的安全生产过程。但顺风车行业缺乏统一安全规范的约束,将难以持续保持行业的安全水平。由此,中国交通运输协会共享出行分会组织编制《私人小客车合乘信息服务平台公司安全运行技术规范》团体标准,以期明确合乘平台企业安全责任,推进合乘信息服务平台运营过程更安全、更规范、更可靠,推动合乘出行行业健康可持续发展。

3.3.2 顺风车团体标准编制依据说明

顺风车团体标准制定的基本目标是规范私人小客车合乘信息服务平台公司(以下简称"顺风车企业")的经营行为,明确责任范围。顺风车驾驶人(车主)与乘车人在时间、地点、出发路径的极大相似性的情况下,产生了共享合乘行为,在此过程中顺风车驾驶人(车主)不直接或者间接追求经济利益,而是向乘车人收取部分驾驶发生的出行费用,因此,我国众多学者认为这是一种互帮互助的民事行为,将顺风车的一大特点总结为公益性和互助性,其实等同于好意同乘的好意性。北京市正式颁布的《北京市小客车合乘出行的意见》是国内首个关于顺风车的指导意见,其中也指出如果出行者因为出行线路一致而共同搭乘同行人的车辆,属于合乘行为。

顺风车企业正常运营还应遵守我国基本的法律内容,包括《中华人民共和国安全生产法》《中华人民共和国网络安全法》《中华人民共和国电信条例》《网络交易管理办法》《互联网信息服务管理办法》《电子认证服务管理办法》《网络安全等级保护》。其中,《中华人民共和国安全生产法》确定了企业安全生产管理基本方针,要求生产经营单位建设安全生产保障组织与制度;《中华人民共和国网络安全法》是全面规范网络空间安全管理方面问题的基础性法律,要求网络运营者设置制度保护用户信息;《中华人民共和国电信条例》《网络交易管理办法》《互联网信息服务管理办法》《电子认证服务管理办法》《网络安全等级保护》均在网络运行安全与稳定方面做了相关规定,网络与信息安全是保障顺风车企业安全稳定运营的基础。

2016年印发的《国务院办公厅关于深化改革推进出租汽车行业健康发展的指导意见》是政府关于顺风车的第一个文件。随后,交通运输部等七部门联合颁布了《网络预约出租汽车经营服务管理暂行办法》,表明了政府对顺风车的发展持鼓励的态度,"城市人民政府应鼓励并规范其发展,制定相应规定,明确合乘服务提供者、合乘者及合乘信息服务平台三方的权利和义务",并指出"不得以私人小客车合乘名义提供网约车经营服务"。同时,将顺风车的监管排除在外,规定"私人小客车合乘,也称为拼车、顺风车,按城市人民政府有关规定执行"。地方政府积极推动私人小客车合乘发展,截至2019年底,全国已出台40多个关于顺风车的地方性规定。这些法律规范及管理办法均是本次团体标准的编制依据。

3.3.3 顺风车团体标准特点与内容

(1)企业运营与合乘运行同步规范。

本次团体标准围绕顺风车平台企业安全影响谱系,提出了双层"事前、事中、事后"的运行维护要求。上层"事前、事中、事后"是指顺风车企业在提供信息撮合服务前,应该首先有明确的事前保障机制,设置企业安全组织机构、招募安全管理人员、完善安全管理制度、公开用户注册与退出准则,并开展顺风车驾驶人(车主)的安全教育,提供保险保障;在提供信息撮合服务中又有着"上车前、乘车中、下车后"的具体合乘运行要求,包括合乘信息一致性审核、双方信息展示、行程分享功能设置、行程过程录音、紧急联系人设定、联系号码保护、双方评价及黑名单设置等;在提供信息撮合服务后,需要设置信息安全与用户信息隐私安全保护制度,规范安全投诉与事件处置流程,制订并落实应急管理与演练方案。

顺风车平台企业安全影像系谱如图3-3所示。

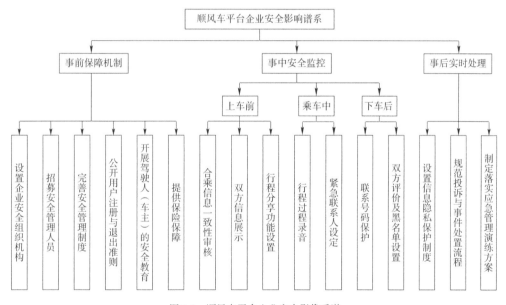

图3-3 顺风车平台企业安全影像系谱

(2)制度约束与技术保障并行要求。

本次团体标准从企业组织机构、制度建设与产品安全功能等多个维度提出要求,提供顺风车合乘出行的安全保障,其中制度建设包括企业安全管理制度、用户管理制度、合乘管理制度、信息安全保护制度、安全投诉与事件处置机制以及应急演练制度等。具体内容如图3-4所示。

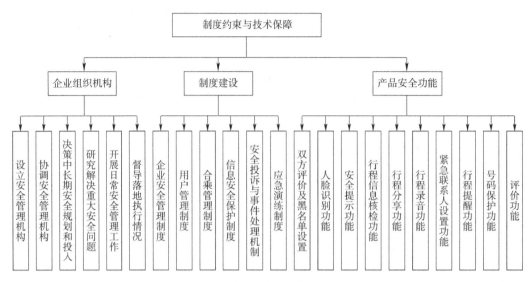

图 3-4 制度约束与技术保障图

在企业组织机构上要求顺风车企业设立安全管理机构,且规定该机构的成员需要是企业主要负责人及安全管理、产品技术等业务主要负责人,其职责包括统筹协调安全管理工作、决策中长期安全规划和投入、研究解决重大安全问题、开展日常安全管理工作、督导落地执行情况。

企业安全管理制度规定了顺风车企业开展安全生产的基本要求,顺风车企业应构建安全责任制度、安全绩效管理制度、安全法律法规识别获取落实制度、安全检查管理制度、安全会议管理制度、安全教育制度、安全隐患排查制度、安全记录档案管理制度,且企业应依据法律法规、标准规范以及实际运行情况,动态开展制度适宜性、有效性、充分性的评审工作,及时修订安全管理制度。

用户管理制度明确了顺风车企业的用户注册与停止服务条件。这里用户包括顺风车驾驶人(车主)与乘车人。顺风车驾驶人(车主)应该身心健康,具有成熟的驾驶经验,且无暴力犯罪记录,无交通肇事犯罪、危险驾驶犯罪记录,无吸毒记录,无饮酒后驾驶记录;注册时应提供手机号码、身份证照片、车辆行驶证照片等必要信息,且要通过人脸识别验证环节。乘车人应是年满18周岁的完全民事行为能力人,注册时提供手机号码及身份证号码,并进行人脸识别验证。顺风车企业需要通过合法可行的方式,审核用户注册信息的真实性。顺风车企业应建立并留存用户电子或纸质档案。当顺风车企业发现用户不符合用户注册条件时,应及时停止为其提供相应的信息服务。

合乘管理制度目的是约束顺风车业务严格按照合乘互助,而非运营盈利的属性来开展。要求顺风车企业在驾驶人(车主)发布合乘信息后向其展示与其出行路线相近的乘车人的合乘信息,不得在驾驶人(车主)和乘车人达成合乘意向之前,展示双方的出行信息、评价信息、合乘费用信息等供用户自主决定是否选择与其达成合乘意向,不应展示用户自定义头像、性别、昵称、照片等信息;在撮合用户达成合乘意向的过程中赋予双方选择权,且由乘车人最终决定是否与驾驶人(车主)达成合乘意向。根据各地实际情况或参考当地指导意见,限制驾驶人(车主)每日合乘行程次数,且宜不大于 4 次/日。另外,顺风车企业应为每一次合乘出行提供保险保障,并对用户进行告知。

信息安全保护制度是对用户的信息提供有效的保密和保护措施。要求顺风车企业保障系统免受干扰、破坏或者未经授权的访问,防止平台数据泄露或者被窃取、篡改;妥善保存用户个人信息以及发布和交易的信息,并采取有效措施确保用户信息的保密性、完整性、可用性。且顺风车企业要依法制定并公布用户隐私保护协议,允许用户对个人注册信息进行访问、更正、删除,提供注销功能,注销后对用户个人信息进行删除或匿名化处理。在紧急情况下,依法、依章配合国家有关机关开展的相关工作。

安全投诉与事件处置机制是处理用户事件或事故纠纷的基本依据。顺风车企业要设置客服专线,配备相应人员及操作系统,针对涉及用户人身财产安全类问题建立快速响应通道,自觉接受社会监督。在用户可能发生人身伤害公共安全事件时,要明确告知合乘用户,应当向公安机关报告,由公安机关依法处置。接到安全投诉后,企业要在24小时内处理,5个工作日内处理完毕,保证投诉的时效性。如果因特殊情况在处置时效内未能完结的,客服应及时与用户进行沟通,在处理完结后将处理结果告知用户。但是顺风车企业毕竟仅仅是信息撮合服务商,对涉及公共安全事件或事故,更多是承担用户引导责任而非直接处理责任。当确有事故发生时,顺风车企业应积极承担问题解决引导责任,配合公安机关调查取证。

应急管理制度目标是提高安全反应速度,强化安全管理意识。要求顺风车企业组织编制和实施应急预案,按照职责分工落实应急预案规定的职责。且要每年至少组织1次综合应急预案演练或专项应急预案演练,每半年至少组织1次现场处置方案演练,并形成应急预案演练自评报告,分析存在的问题,并对应急预案提出修订意见。

顺风车企业产品即互联网App,是开展顺风车信息撮合服务的关键端口。本次团体标准统一规范了顺风车企业产品的必备安全功能,包括人脸识别功能,保证进行信息一致性的核查;安全提示功能,提示乘车人110报警电话是意外紧急情况下有效的求助方式,在生命财产安全受到威胁时拨打110报警求助;行程信息核验功能,提供给驾驶人(车主)、乘车人双方在乘车前再次验证对方身份的功能;行程分享功能,允许用户分享行程信息,便于紧急联系人或其他指定分享人实时掌握行程情况;行程录音功能,提供行程中录音功能,合乘用户自主使用录音功能,保证行程录音实时录制,加密上传,并按规定用于投诉核实、警方调取证据等;紧急联系人设置功能,提示合乘用户设定紧急联系人,便于扩大行程分享、110报警等产品功能的触达范围;行程提醒功能,实现识别合乘车辆偏离规划路线、异常停留等情形,并发出安全警示提醒用户功能;号码保护功能,提供隐藏用户真实手机号码,通过虚拟号码进行沟通,保护用户隐私安全的能力;评价功能,建立评价、投诉及用户反馈渠道,便于用户反馈问题;黑名单功能,用户可将曾合乘出行过的对方加入黑名单。将用户加入黑名单后,平台将为双方屏蔽另一方合乘信息;用户也可将黑名单中的用户移出黑名单,平台将不再为用户屏蔽另一方的合乘信息。

(3)动态优化自我审查要求。

本次团体标准汇总整理顺风车企业安全运行达标的评价体系,要求顺风车企业每年组织开展安全运行达标评价,或委托第三方开展安全运行达标评价。期望顺风车企业能够开展自我审查,动态优化安全职责。具体内容如图3-5所示。

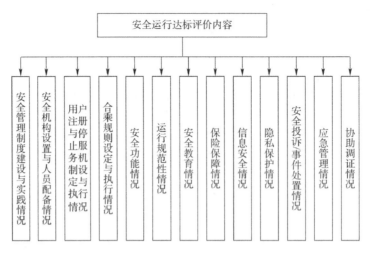

图 3-5　安全运行达标评价内容

(4)顺风车团体标准未来发展建议。

2015年国务院印发《深化标准化工作改革方案》,提出建立政府主导制定的标准与市场自主制定的标准协同发展、协调配套的新型标准体系,健全统一协调、运行高效、政府与市场共治的标准化管理体制,形成政府引导、市场驱动、社会参与、协同推进的标准化工作格局,有效支撑统一市场体系建设,让标准成为对质量的"硬约束"。

顺风车业务迅速发展得益于我国有着具有包容性的技术创新发展环境,同时也应注意安全底线不应动摇。本次团体标准为顺风车业务经营企业提供了安全运行规范性准则,为地方政府提供了安全监管的参照条件,为落实平台安全责任、营造和谐高效的出行环境、推动共享出行行业持续健康发展发挥重要作用。在具体实施过程中,建议顺风车企业在明晰顺风车业务基本属性和安全责任内容的基础上,安全职责应尽净尽,杜绝以抢占市场规模、突出盈利目的而忽视公众生命安全的经营行为,共同推进行业健康可持续发展;建议地方政府按照中央政府"整体审慎,局部包容"的观念开展顺风车事务的管理工作,为公众出行提供更为丰富的方式。

3.4　顺风车行业当前问题与未来展望

3.4.1　顺风车行业存在的问题

顺风车作为一种绿色交通出行方式,关系着出行群众的切身利益和交通秩序的稳定,因此,为规范顺风车行业,应对其带来的风险与挑战,必须有相应的监管介入。全国首个专门应对顺风车监管问题的政策文件是2013年由北京市交通运输委员会发布的《关于北京市小客车合乘出行的意见》,而《出租汽车指导意见》则是首个涉及顺风车监管问题的中央文件,在这之后,顺风车的监管权限被七部委给予了地方政府,这种举措的初衷应该是因地制宜、因地调整。截至2019年5月,全国已有87座城市陆续制定了顺风车监管的政策新规,在全国338座地级以上城市中占比25.74%,在所有省会城市中,未制定顺风车细则的约有50%。此外,这些顺风车细则中有近一半还停留于征求公众意见的阶段,例如,郑州市早在2016年11月就已形成草案,但至今仍为推出。监管政策包容度分析有助于确认各地区监管的科学合理性,有助于对政策进行及时调整与修改。对于顺风车监管的包容度持二元论观点,过低及过高均不合理。目前,各地新规均肯定了顺风车的正面价值,并对车辆、驾驶人、合乘方式、合乘频次、费用分摊等方面作了明确规定,但各地政策规定差异较大。

目前,各地区对于网约车的监管包容度存在差异,每个城市都有自己相应的政策规定,而各个政策规定相对复杂烦琐,对顺风车各方的限制规定较多,不但有对驾驶员的限制,更有对合乘行为的限制。如果各地方的限制规定有助于促进顺风车的健康发展,有助于保护合乘双方的自身安全,那么这些规定有相应的合理性和必要性,然而大部分的政策规定均是相对合乘行为的限制,如限制合乘次数,限制合乘车辆,限制驾驶人(车主)驾龄,限制跨市、跨省的合乘行为等。最关键的也是最重要的监管主体的明确,各地方均采用"专权专制",将合乘行为的发生过程进行差分,根据各部委职能的不同,监管相应的部分。然而,这虽然防止了部门专制,但是同样造成了监管的模糊性,对合乘各方的权益造成了损害,不利于监管的执行。因此,建议各地区应合理地制定相应的政策规定,明确唯一的监管主体。

3.4.2 顺风车行业发展建议

私人小客车合乘具有明显的意义,合乘提供者不仅省了油钱,还为缓解交通堵塞作了贡献。因此,应明确私人小客车合乘行为为非运营的互助行为。鼓励合乘行为,正确引导,让更多的私车车主加入顺风车行列。政府少花钱,却减轻了交通与能源压力,岂不是人民与国家共同受益,但需要明确一下内容。

(1)规范车辆合乘。

私人小客车在大城市已普遍进入家庭,搭乘顺风车的现象将日盛,管理部门应出台相关政策和法规,研究出一套切实可行的管理办法,既满足这种需求,又可以实施规范管理。在一些发达国家,对顺风车采取的是鼓励政策,如美国一些州规定空车不能上路;在德国、新加坡等国家,交通高峰期空车上路是要受到罚款的。不过,各国的规定都有一个前提,即车主不准收费。人们对此的认识还需要提高,实行起来难度还很大。建议有关主管部门对顺风车区别对待,大力提倡无偿搭乘,还可通过逐步制订优先通行等政策加以鼓励。对于邻居、同事、朋友范围内,车主不以营利为目的,只收取燃料成本或时间、磨损等其他成本费用,明显低于市场营运价格,在固定路线、固定时间、固定人员进行搭乘的,应予允许。对借顺风车之名的黑车,则应坚决打击。

(2)加强车辆合乘综合管理。

对于怎样促使私人小客车合乘有序发展的具体措施,到目前还没有很好的对策。为此,需要对车辆合乘的规划、运营和收费等进行综合管理,以提高私家车的运能、充分利用道路交通资源,从而缓解道路交通拥堵的压力。综合管理的对象包括相关部门、交通决策者和交通经营者。规划是综合管理的首要环节,对于合理利用私家车资源、有效实行车辆合乘有积极的指导作用。运营管理是政府通过一系列政策法规,对车辆合乘中的私家车运营进行规范管理,以保障服务质量,提高运营效率。收费管理是车辆合乘制度长期合法存在的基本要求。

(3)建立与完善培养信用互评机制。

由于顺风车是将熟悉的陌生人联系到一起,"熟悉的"是因为驾驶人与搭乘人有很多共性,同样的出发时间,临近的小区住址和几乎一致的目的地。"陌生人"表示很有可能是完全不认识的两个人。所以,各自的评论留言会给以后的驾驶人与搭乘人极大的参考价值。如果评价太差的驾驶人或者乘车人,可以考虑有合理且合法的处罚机制。所以,合乘协议虽然不具有严格的法律效力,但作为驾驶人与搭乘人双方还是要积极注意自己的义务,给双方留下好印象。

除此之外,作为驾驶人还应当做到:

①对搭乘人信息保密工作,由于顺风车的需要,驾驶人会了解搭乘人的手机号码、家庭住址和工作单位地址,这都是很隐私的个人信息。驾驶人应当注意保密,不应当恶意地透露搭乘人的信息。

②驾驶人如果不能按时接送搭乘人,应该及时通知搭乘人。虽然取消订单,搭乘人不会因此请求赔偿,因为这并非合同,并不是驾驶人要承担违约责任。但是为了建立自己的良好信用体系,应当以诚实信用作为衡量自己行为的准则。

③驾驶人不得恶意取消订单,否则系统判定有刷单行为。

同样,作为搭乘人也应该注意自己的言行:

①乘车人需要遵守交通规则,比如系好安全带,不得做出影响驾驶人驾驶的行为。不得携带易燃易爆违禁品上车。需要维护车内的整洁干净,不得随意吐痰、抽烟、携带宠物。

②顺风车 App 的产品规划,有已经让搭乘人提前将分摊车费支付到平台中介中,或者是到了指定地点再确认支付费用的模式。不论什么模式,搭乘人应当尽快做好确认工作。

第4章 共享(电)单车行业发展分析

《交通强国建设纲要》强调,交通运输体系应按照节约集约、低碳环保原则,保持绿色发展。交通运输部《关于鼓励和规范互联网租赁自行车发展的指导意见》明确指出,共享单车是城市绿色交通系统的组成部分,是方便公众短距离出行和公共交通接驳换乘的交通服务方式。坚持优先发展公共交通,统筹发展共享单车,推进公共租赁自行车与共享单车融合发展,建立完善多层次、多样化的城市出行服务系统,是各地推进交通强国建设的具体实践。2020—2021年,共享(电)单车行业不再有激烈的"厮杀",更多的是与地方政府协作发展,强化行业安全管理。

4.1 共享(电)单车行业发展调研

移动互联网技术发展促进了交通运输产业的不断升级。在互联网+交通的融合发展过程中,共享(电)单车在全国得到了广泛的应用和发展。为研究共享(电)单车行业可持续发展问题,推动城市综合出行服务体系的构建,中国交通运输协会将《城市共享(电)单车发展问题与调研》作为重点课题,赴多个城市开展深入调研,多方、广泛听取意见,总结行业发展现状,研究发展问题,提出发展政策建议,履行自身职责,发挥政府和企业之间的桥梁与纽带作用。

4.1.1 三省七市调研实证纪要

2021年5月至8月,中国交通运输协会副会长兼秘书长李刚同志牵头,组织青桔单车、美团单车、哈啰出行等会员单位企业,组成调研组,先后赴四川省、河北省、广西壮族自治区等开展共享(电)单车行业发展专题调研。

4.1.1.1 四川省调研情况
(1)四川省政府部门调研。
2021年5月8日,调研组前往四川省交通运输厅开展调研活动,四川省交通运输厅党组成员、副厅长宁坚主持调研座谈会,调研座谈会现场如图4-1所示。

座谈会上,四川省交通运输厅、发改委、经信厅、公安厅、住建厅、商务厅、市场监管局等部门,就四川省共享出行发展情况、共享出行管理经验与教训、共享(电)单车管理、共享出行发展影响和趋势等方面,与调研组进行了深入交流。四川省在共享出行方面,建立了"三个一"工作模式,即:建立一个协调机制,落实国家、部委、协会的建议;创建一个平台,通过政府、行业协会、企业,对新业态发展及时预判研究;出台一系列政策,加强行业规范,建立黑名单制度和末位淘汰机制。

(2)成都市调研。
在成都市成华区城市管理局,相关负责人介绍了成都互联网租赁自行车序化管理平台的运行情况,分享了运用智慧化手段精细化管理共享单车的成功经验,现场调研座谈如图 4-2 所示。

图 4-1　四川省交通运输厅调研座谈会现场

图 4-2　四川省成都市成华区城市管理局现场座谈与学习

成都市行业管理的主要做法有以下几个方面。

①强化顶层设计。出台《关于鼓励共享单车发展的试行意见》,明确了鼓励、支持、引导共享单车规范有序发展的总体思路,以市场配置资源、政府规范监管为手段,引导共享单车规范有序发展。实施了互联网租赁自行车实施细则,对各部门职责进行了划分。印发了《成都市互联网租赁自行车停放秩序管理办法》和《成都市废旧互联网租赁自行车巡查清运回收管理办法》,将共享单车的管理纳入了城市综合执法的日常工作。

②聚焦强化监督考核,严格车企管理。根据《成都市共享单车运营管理服务规范(试行)》和《成都市共享单车服务质量信誉考核办法(试行)》,市城管委和企业成立了联合检查组,每周进行联合巡查,坚持定期考核通报,根据得分情况,对考核排名最末的企业将按以自身为基数,减少20%投放量,以此动态调整配额。《成都市互联网租赁自行车行业经营服务规范》要求运营企业在发现或接到所属车辆出现大量堆积的信息后,按一级街(区)30 分钟、二级街(区)40 分钟、三级街(区)50 分钟的标准对堆积的车辆清运完毕。

③推进智慧管理平台建设。试点建设了成都市互联网租赁自行车序化管理平台,通过利用天网系统,在城市中部署安装"定点信息采集设备",借助 AI 数据分析,建立行为数据库,实现了对共享单车的精准总量控制、上牌率监测、热点区域实时调度、运营人员监管以及对车企进行自动化、精准数字化考评,实现对共享单车企业配额制监管。

④推行实体铭牌,全域上牌监管。按照《成都市关于促进互联网租赁自行车健康发展的

实施意见》,市交通运输局、市公安局、市城管委联合制定共享单车实体牌照号,2020 年底,"5+1"中心城区按照总量控制共发放 45 万个三码合一(实体专用号牌号码、车辆车身编号、蓝牙 MAC 地址)共享单车牌照。2021 年 3 月,启动了近郊区和郊区新城相关区(市)县共享单车号牌安装工作。为防止企业伪造号牌,投放套牌车,上牌车辆均录入共享单车监管系统备案,通过"成都共享单车秩序处置"小程序,可查验车辆信息是否与备案信息相符,从而达到严控单车超量投放的目的。

⑤政企合作持续深化。从 2018 年 9 月起,以后每月 15 日定为"互联网租赁自行车集中清理日",政府协调配合运营企业,全面开展针对不同主题的违规停放共享单车的集中清理整治行动。实施划片包干管理,杜绝企业各自为政,街道办事处以划片包干管理方式,由其中一家负责整个街道办事处的三家单车公司品牌运维、规范、转运、调度。将以前街道办事处对单车公司一对三监管模式转化成了一对一的监管。

⑥"政、企、民"形成合力,齐抓共管。出台《关于进一步加强共享单车管理的工作方案》,加强政府部门的监督管理、运营企业主体责任的落实和市民文明骑行的宣传引导;建立"3+7+N"会议协商制度,政府企业市民成合力规范共享单车市场。同时,将车辆停放秩序管理引入门前三包机制,发挥商家店铺力量共同治理;制定了文明骑行导视牌,引导市民规范骑行,文明停放。

(3)乐山市调研。

2021 年 5 月 13 日,调研组前往乐山市交通运输局开展调研活动。乐山市交通战备办公室主任朱明友主持调研座谈会。座谈会上,乐山市交通运输局、城市管理行政执法局、公安局交通警察支队等单位,从共享出行管理办法、发展规划、部门协同、企业督促以及日常管理等方面,介绍了乐山市共享(电)单车管理工作,现场调研座谈情况如图 4-3 所示。

图 4-3 乐山市交通运输局调研座谈

调研组实地参观了共享(电)单车定点还车区,现场听取了城管部门关于车辆调度管理工作介绍,进一步了解了乐山市共享(电)单车停放秩序管理工作,现场管理调研情况如图 4-4 所示。

乐山市本着"包容、审慎、可控、有序"的发展思路,2016 年 5 月,共享单车企业进驻乐山。截至目前,全市有滴滴青桔、街兔和永安行 3 家运营企业,其中永安行为有桩共享单车,中心城区路面已建设 80 个固定停放点位(有桩停放),共投放单车 1760 辆。青桔单车共投放 8000 余辆,街兔电单车共投放 5380 辆。

图 4-4　乐山市现场管理调研

在行业管理方面,乐山市主要有以下做法。

①政府主导,强制规范。实施《关于进一步规范中心城区互联网租赁自行车管理实施意见(送审稿)》以及配套的《乐山市中心城区互联网租赁自行车运营管理服务规范(试行)》《乐山市中心城区互联网租赁自行车服务质量信誉考核办法(试行)》《乐山市中心城区互联网租赁自行车停放管理办法》,明确了各部门及企业的职责,建立了市场准入制度,明确了运营条件,规范了运营行为,强化了秩序管理和诚信管理,并健全了退出机制。

②编制发展规划。将"新业态融合发展规划"纳入《乐山市公共交通专项规划(2021—2025年)》,对互联网租赁自行车发展进行专项规划,建立基于出行需求的城市互联网租赁自行车预测模型,明确了各年度共享(电)单车控制总量。

③形成部门会商联席会议制度。乐山市交通运输局、市公安局、市城市管理行政执法局和市中区政府积极协调,做好共享(电)单车在运营过程中的服务质量、突发情况处置工作,共同治理停车乱象问题。

④督促企业强化主体责任。乐山市城市管理行政执法局、市公安局、市交通局通过联合约谈互联网租赁自行车企业,督促运营企业强化主体责任,加强管理,进一步削减车辆投放数量、增加运营维护力量,提高对使用人的宣传引导,促进车辆的规范停放。

⑤常态化开展管理工作。一方面,加强共享(电)单车集中停车点位的施划工作,先后在中心城区主要学校、医院、商场、主次干道及重要区域规划设置停车点位1200余个。另一方面,乐山市城市管理行政执法局牵头企业负责人、管理人员和局各属地大队、下属单位共同组建了互联网租赁自行车管理微信群,按照属地管理原则,共同实施管理,实现了管理单位与运营企业的信息互通,形成了发现通报、及时纠正的快速处理机制。

⑥坚持严管严查,完善基础设施。加强城区各主要路口、非机动车通行集中路段的警力部署,严查共享(电)单车闯红灯、逆行、占用机动车道、违规载人/载物等违法行为。利用多媒体通过多种形式,开展专题宣传,树立正确的舆论导向,对其违法行为进行曝光。完善道路交通设施,科学分配路权,因地制宜设置电动自行车专用道或非机动车道,合理设置电动车自行车专用进出口通道、非机动车信号灯和机非隔离护栏,保障非机动车安全、顺畅、便捷出行。

(4)南充市调研。

2021年5月14日,调研组前往南充市交通运输局开展调研活动。南充市交通运输局副局长张世民主持调研座谈会,南充市交通运输局、城管执法局、公安局交警支队、顺庆区综合行政执法局等单位,从共享出行基本情况、管理办法、发展影响和发展趋势等方面,介绍了南充市共享(电)单车管理工作。调研组现场实地考察了共享(电)单车管理情况,南充市城管执法局负责同志以北川医学院门前共享(电)单车管理措施为实例,详细介绍了南充市共享(电)单车停放秩序管理工作,现场管理调研情况如图4-5所示。

图 4-5 南充市现场管理调研

南充市对共享(电)单车的发展始终秉承开放、包容、审慎的态度,坚持在发展中规范,在规范中发展的原则,稳步推进共享(电)单车管理的各项工作。截至目前,市辖城区现有滴滴(含旗下青桔、街兔)、哈啰、松果、豌豆、易百客、美团共享单车企业6家,共投放共享(电)单车4.2万辆。

在行业管理方面,南充市主要有以下做法。

①出台管理规范。于2017年11月,南充市13个部门联合出台了《南充市关于支持和规范互联网租赁自行车发展运营的实施意见》,2021年2月26日12个部门联合印发了《南充市市辖城区共享单车管理实施意见(试行)》,明确了市辖城区共享单车管理总原则为"控量、有序、公平、便民",按照"条块结合、属地管理、企业主责、多方共治"的方式实行备案制管理,提出由交通运输部门负责按1.5/100人的比例测算投放总量;由公安交警负责车辆户籍管理;由城市管理部门负责运营企业资质审查、经营行为考评、车辆停放规划和日常管理。

②数量和质量"双量管控"。一方面,从源头上严格控制投放数量。城管部门强化现场管控,公安交警部门加强骑行秩序整治,通过对共享(电)单车的专项整治和市场调节,总量得到有效控制。另一方面,提高企业服务质量。在有条件的街道规划设置了慢行交通专用道,在重要商业区域、公共交通站点、居民集中区等场所设置停车点位或电子围栏近6000个,完善了道路标志标线,为共享(电)单车出行提供优质的环境。同时市交通局会同城管执法、公安交警等部门建立健全部门联席会议机制,加强沟通协调,互通管理信息。

③线上和线下"双线并行"。一方面,做好互联网线上大数据的管理。全力督促企业履行好主体责任,要求其主动及时与交通、公安、城管等相关管理部门进行数据衔接。另一方面,加强线下投放车辆的管理。要求企业改变过去"人员变动频繁,联系十分困难"的现象,配备相对稳定的管理人员。指导企业加强停车管理,组建专业管护队伍。2021年以来,城管

执法人员规范乱停放车辆 5 万余辆次。

④企业和用户"双方诚信"。一方面,对企业实行"黑名单"管理。全面推行"双报到"制度,企业负责人每月到监督部门报到,现场管护人员每天到街道或社区报到,确保管理到位、责任到人、人员到点。另一方面,对用户实行"黑名单"管理。企业与执法部门进行联动,将责任落实到违规停放的用户,对违规用户进行提醒惩戒,直至对用户列入"黑名单",对其限制使用共享单车。

4.1.1.2 河北省调研情况

2021 年 6 月 9 日,调研组赴河北省唐山市交通运输局开展调研活动。唐山市委常委、市人民政府副市长杨华森在唐山陪同调研,市公用事业服务中心、公安交通警察支队、交通运输局、文化广电和旅游局等单位,就唐山市共享出行发展情况、管理经验与教训以及共享(电)单车企业在唐山的运营服务等方面,与调研组进行了深入交流。杨华森副市长指出,以人民美好出行为导向,希望各家企业能更多地了解唐山,结合唐山情况对共享出行业务有更多改进,希望中国交通运输协会进一步加大对唐山的支持和帮助,双方共同努力,将唐山打造成共享出行服务全国样板,现场调研座谈情况如图 4-6 所示。

图 4-6 唐山市交通运输局调研座谈

唐山市共享单车最早出现于 2017 年 3 月,到同年 7 月有 6 家共享单车企业入驻,运营车辆高达 30 万辆左右,随后的几年,随着行业的优胜劣汰和科技的发展以及用户群体的逐步扩大,又相继推出了更加便捷高效的共享助力车,目前,唐山市进驻共享单(电)车企业 5 家,共计投放共享(电)单车数量 5 万辆、共享单车数量 4 万辆。

在行业管理方面,唐山市主要有以下做法。

①积极推进政策性文件的出台。认真学习借鉴各地先进经验做法,依据国家相关法律法规和省市相关规定,于 2020 年 12 月份正式实施了《唐山市中心区互联网租赁自行车管理办法》,明确了各相关单位和属地政府的监督管理职责,对运营企业经营行为提出了规范要求,为唐山市共享单车行业规范管理提供了有力的依据。

②施划停车位,设置"电子围栏"。为满足居民用车需求和改善停车环境,唐山市城管局组织施工人员在市中心区施划共享单车专用停车位 4.5 万平方米。同时,依照现场停车位通过平台设定电子围栏并同步分享给企业,企业按照平台设置要求各自重新设置"电子围栏",有效规范了车辆停放秩序。

③建立考核机制。为提高企业服务水平和运维能力,唐山市城管局借鉴各地先进经验,

并结合实际,起草实施了《唐山市中心区互联网租赁自行车服务质量考核办法》,对各企业车辆停放、维护保养、投放以及运维效率等工作进行考核。

④组织安装车辆牌照。唐山市城管局为每家电车企业和单车企业分别制作牌照,各单车企业于今年 5 月中旬开始陆续上牌,截至目前,已安装电单车牌照 2.1 万个,安装单车牌照 1.5 万个,并陆续投放到路面供市民骑行。

⑤回收投放过剩车辆。为缓解市容环境压力,便于企业高效管理车辆,要求每家企业将共享(电)单车数量减至 5000 辆,共享单车数量减至 10000 辆,同时结合上牌核查控制总量。

⑥建设共享单车监管平台。按照河北省关于促进新型智慧城市建设和唐山市智慧城市三年建设计划的要求,唐山市城管局积极引进科技手段,推动构建数字化智慧应用体系,政企合作,开发并应用了河北省首个共享单车监管平台。平台依托车辆信息录入、"电子围栏"自主设定、工单派发、线下核查、人员管理等功能实现对全市车辆总数控制、停放秩序的改善以及车辆和人员的精准调度。

⑦每周召开共享单车企业负责人调度会。唐山市城管局组织召开调度会,传达关于共享单车治理工作的新要求、新举措,总结一周管理工作亮点和存在问题,着力解决存在问题,同时表扬有工作亮点的企业,极大地提高了企业管理工作的积极性,发挥了企业管理的主体作用。

⑧持续加强治理。唐山市交警支队安排警力不同时段开展流动巡查,及时摆放乱停放车辆,保障市民顺畅出行。同时落实网格化管理责任,加强网格巡查,督促企业整改,要求共享单车企业将停放的单车摆放整齐,车头朝向一致,不占用盲道、绿化带,不影响行人通行。定期召开联席会议,成立"共享单车规范管理工作群",对发现乱停乱放共享单车即时拍照,通知有关单位进行整改,逾期不整改的,依法进行暂扣。

⑨加大力度宣传共享单车文明骑行、文明停放。2020 年 6 月,唐山市城管局组织起草了《"共享单车 文明同行"倡议书》,并联合唐山市文明办向社会发布。8 月,在站前地区开展"共享单车,文明同行"主题活动。9 月,联合唐山电视台"直播 50 分"栏目,开展"政企联合加强共享单车管理"宣传活动。唐山市交警支队深入企业、单位、社区等开展教育宣传活动,曝光不文明交通行为,努力提高群众文明交通意识。

⑩多部门加大协作力度。城管部门与交警部门加强协作,督促共享单车企业加大人力物力,及时清运超量乱停乱放的共享单车,减少共享单车乱停放引起的交通拥堵。由共享单车企业安排人员车辆,及时对乱停乱放、无序停放的单车进行回收。

4.1.1.3 广西壮族自治区调研情况

(1)南宁市调研。

2021 年 8 月 2 日,调研组前往广西壮族自治区交通运输厅和南宁市交通运输局开展调研活动,自治区交通运输厅党组成员欧阳斌主持调研座谈会。座谈会上,交通运输厅就广西共享出行发展情况、管理经验与教训等方面与调研组进行了交流。广西正在贯彻落实《交通强国建设纲要》实施方案,围绕加快建设人民满意、保障有力、国内先进的交通强区总体目标,各项工作正在有序开展,希望充分借助中国交通运输协会力量,发挥协会先行作用,组织编制共享(电)单车相关规定和标准,加强行业规范,助推广西共享出行行业高质量发展,现场调研座谈情况如图 4-7 所示。

图 4-7　广西壮族自治区交通运输厅调研座谈

2017 年,互联网租赁自行车进入南宁市,为广大市民提供了一种绿色低碳、方便快捷的出行方式。目前,南宁市共有 7 家运营企业获得运营资格,其中 3 家企业(青桔、哈啰、美团)同时运营共享电单车和单车,4 家企业(人民出行、交创、小遛、喵走)仅运营共享单车。据统计,实际投入运营车辆 9.1 万辆,其中共享单车约 5.8 万辆,共享电单车 3.3 万辆。共享单车日均订单量 113576 单,车均使用次数 1.9 次/天;共享(电)单车日均订单 177893 单,车均使用次数 5.3 次/天。

在行业管理方面,南宁市主要有以下做法。

①出台全流程管理方案。2019 年出台了《南宁市人民政府关于鼓励和规范互联网租赁自行车发展的意见(试行)》,对互联网租赁自行车的发展定位、各管理部门职责分工等进行了明确。2020 年,编制了《南宁市互联网共享租赁自行车(含电动助力车)发展规划研究》,对互联网租赁自行车的发展方向、总量规模、准入退出机制、投放及停放管理制度以及企业运营责任要求等内容进行研究,并同步启动《南宁市互联网租赁自行车管理暂行办法》的编制工作,明确了实施总量控制和各部门的职责分工、车辆投放和停放的具体管理要求以及企业准入退出机制,并对企业主体责任、用户用车要求等内容进行了规范。

②实行服务考核机制。南宁市交通运输局会同市城管综合执法局、市政园林局、市公安局交警支队印发实施了《南宁市互联网租赁自行车服务质量考核办法》,明确了对运营企业服务质量的考核细则,多部门将联动委托第三方机构对运营企业进行每月一次日常考核、每半年一次集中考核,并将考核结果作为动态增减配额的重要依据,按照"奖优惩劣、增减结合"的原则,在年度控制的投放总量范围内对运营企业运营配额实施动态增减调节。对连续多期集中考核结果为不合格的企业,将责令其退出南宁市运营。

③制订相关准入条件。《南宁市互联网租赁自行车管理暂行办法》对互联网租赁自行车企业设定了相应的准入条件,以保障企业实力、技术水平、管理水平能够支撑行业可持续运营,对投放车辆的要求也做了明确规定,以保障用户用车安全。

④推进信用评价。由南宁市发展和改革委员会指导互联网租赁自行车行业信用信息采集和使用标准制定以及企业信用约束机制建设,统筹协调有关部门推进经营企业信用管理制度建设,相关信用记录归集到南宁市公共信用信息共享平台,并通过信用中国(广西南宁)统一向社会公示。

⑤实时联动,齐抓共管。建立"辖区共享(电)单车联络群",执法人员和相关企业负责

人密切联系,确保信息互通,及时发现、制止和清理乱停乱放现象。

(2)钦州市调研。

2021年8月3日,调研组前往钦州市交通运输局开展调研活动。钦州市交通运输局副局长陆鹏州主持调研座谈会,钦州市交通运输局、公安局交通支队、城市管理行政执法支队等单位,从共享(电)单车工作基本情况、存在问题和下一步建议等方面,介绍了钦州市共享(电)单车管理工作,现场调研座谈情况如图4-8所示。

图4-8 钦州市交通运输局调研座谈

目前,钦州市有青桔、哈啰、美团、喵走及松果5家企业,投放车辆达5.4万辆,其中,共享单车2万辆,电单车3.4万辆。

在行业管理方面,钦州市主要有以下做法。

①通过数据化监督指导企业开展有效运维。依托数字城管平台,将5家共享单车企业纳入平台,规范座席开展数字化城市管理系统共享单车案件处置。依靠数字城管网格员街面巡查力量,及时采集共享单车乱象问题上报系统,根据案件权属发挥平台作用指导企业及时处置。自2019年1月1日至2021年7月31日,立案数17875件,结案17768件,结案率为99.40%,按期结案数56.75%,为深入推进共享单车规范管理提供数据支撑。

②疏堵结合,规划点位和违规处罚相结合。根据城市管理要求和共享单车站点在人行道上规划共享单车停车位668个,督促共享单车企业按照设置点位1∶1比例设置后台电子围栏,做好点位投放运维工作;针对不按点位运维、超量投放问题,依据《城市道路管理条例》第二十七条和第四十二条规定给予按每辆20元处罚。截至目前,执行共享单车违规处罚案件共390多宗,处罚金额接近10万元。

(3)百色市调研。

2021年8月4日,调研组前往百色市交通运输局开展调研活动。百色市交通运输局运输科科长赵刚主持调研座谈会。座谈会上,百色市交通运输局、市道路运输发展中心等单位从基本情况、问题及影响和下一步打算等方面,介绍了百色市共享(电)单车管理工作,现场调研座谈情况如图4-9所示。

截至目前,百色市中心城区共有青桔、美团、哈啰、松果等4家企业运营,共计投放共享(电)单车约13800辆。由于百色市目前尚未明确互联网租赁自行车行业的牵头管理部门,未出台专门的管理相关规定,暂依据城市管理监督部门和公安交警部门的法律法规和地方性法规规章对乱停乱放、违反交通规则的行为进行相应的处罚,其余管理措施尚未明确。

图 4-9　百色市交通运输局调研座谈

4.1.2　各地共享(电)单车行业管理总结

(1) 新技术广泛运用,大幅提升了运营管理水平和效率。

共享(电)单车企业利用互联网技术优势建立全链路智能系统,包括城市脉搏系统(青桔)、智能城市运营管理体系(松果)等,可通过开通账号的方式登录查看企业数据,具备展示企业车辆总量分布和实时定位的功能,满足主管部门数据监管与政企共治的需求。通过展示各城市行政区维度的车辆总量分布、车辆实时定位与电子围栏筛选、运维人员和运维工单处理进度、计价规则、单车定位和设计理念、平台证照信息等内容,协助行业主管部门掌握电单车业务实况,为行业主管部门提供共享出行业态监管中枢。企业平台依托企业出行数据、人工智能计算平台,构建城市中短途出行需求的预测能力。通过北斗＋GPS双模式高精度导航定位实现"定点还车、入栏结算",实现智能调度运营,优化车辆调派,助力共享(电)单车融入智慧出行交通体系。

新型青桔智能头盔采取电控锁和机械锁双重锁扣形式,可牢牢固定在车篮中。用户扫码开锁时,头盔锁和车辆中控 ECU 通信,检测、控制头盔锁关闭和打开动作;骑行结束后,用户还车时,需将头盔放回车篮中,扫码还车时头盔锁和中控 ECU 再次通信,判断头盔归位且无故障,保障下一位用户的骑行体验。

同时,各企业还充分借鉴网约车在用户安全保障方面积累的技术和经验,对安全场景进行细分,进一步提高用户安全保障实力。例如,青桔研发了基准重力检测、摔倒模型测算两大算法,上线用户 IVR 推送预警功能,并针对此场景对客服人员进行专项培训。集数据采集、模型算法、云端实时预警能力于一体的"线上＋线下紧急救助系统",第一时间发现夜间骑行摔倒事故,并针对实发事故快速采取救助行动。

(2) 各地积极探索行业管理政策,管理水平显著提升。

成都市出台《关于鼓励共享单车发展的试行意见》,明确了鼓励、支持、引导共享单车规范有序发展的总体思路,并印发了《成都市互联网租赁自行车停放秩序管理办法》和《成都市废旧互联网租赁自行车巡查清运回收管理办法》,将共享单车的管理纳入了城市综合执法的日常工作。根据《成都市共享单车运营管理服务规范(试行)》和《成都市共享单车服务质量信誉考核办法(试行)》,市城管委和企业成立了联合检查组,每周进行联合巡查,坚持定期考核通报,根据得分情况,对考核排名最末的企业将按以自身为基数,减少20%投放量,以此动态调整配额。《成都市互联网租赁自行车行业经营服务规范》要求运营企业在发现或接到所属车辆出现大量堆积的信息后,按一级街(区)30分钟、二级街(区)40分钟、三级街(区)50分钟的标准对堆积的车辆清运完毕;南宁市交通运输局会同市城管综合执法局、市政园林局、市公安局交警支队印发实施了《南宁市互联网租赁自行车服务质量考核办法》,明确了对运营企业服务质量的考核细则,多部门将联动委托第三方机构对运营企业进行每月一次日常考核、每半年一次集中考核,并将考核结果作为动态增减配额的重要依据,按照"奖优惩劣、增减结合"的原则,在年度控制的投放总量范围内对运营企业运营配额实施动态增减调节。对连续多期集中考核结果为不合格的企业,将责令其退出南宁市运营;乐山市提出"政府主导,强制规范"的工作思路,实施《关于进一步规范中心城区互联网租赁自行车管理实施意见(送审稿)》以及配套的《乐山市中心城区互联网租赁自行车运营管理服务规范(试行)》《乐山市中心城区互联网租赁自行车服务质量信誉考核办法(试行)》《乐山市中心城区互联网租赁自行车停放管理办法》,明确了各政府及企业的职责,建立了市场准入制度,明确了运营条件,规范了运营行为,强化了秩序管理和诚信管理,并健全了退出机制。

4.2 共享(电)单车行业发展特征

互联网共享单车为解决"最后一公里"问题提供了良好的实现途径,由此也成为公众认可的出行方式,并被评为继"四大发明"之后的新四大发明之一,在世界范围内均得到了良好评价。

从共享单车产生之日起,该行业经历了无序发展和健康成长两个阶段。无序发展阶段是ofo、摩拜为代表的共享单车起步阶段,受到了资本的热逐,全国各地产生有200多家共享单车企业,各个企业之间相互争抢客户资源,大打价格战,影响了行业的正常秩序。

2018年,由于行业盈利模式逐渐成熟,商业资本热度逐渐退却,同时也导致多数互联网单车企业资金链断裂,以ofo押金事件为典型代表的企业倒闭潮逐渐出现,城市各地均出现共享单车大规模集中堆积现象。

2019年后,各地政府深刻认识到共享单车行业给政府管理和城市运转带来的问题,强化了对共享单车企业投放数量、运营机制、车辆调度、摆放秩序等方面的管理,使得行业逐渐进入健康发展阶段。

4.2.1 共享单车行业发展政策环境利好

4.2.1.1 企业车辆投放数量稳步提升

截止到2021年9月,共享单车在全国800余座城市投放运营。2017—2020年,中国共享单车投入车辆规模如图4-10所示。以滴滴青桔、美团单车、哈啰出行为主导的运营企业,在全国投放近2200万辆共享单车及电单车,平均每天提供出行服务8100万次。

前瞻网认为,2019年后,行业无序竞争所带来的负面影响逐渐消退,存量消费者用户体验回升提升了用户用车次数及频率,同时,新增消费者的进入也不再是基于各类促销以及尝鲜,而是更多地出于理性消费需求的考虑。在健康稳定的竞争格局里,依然留存下来的用户是真正的用户,未来行业市场规模仍将稳步提升。

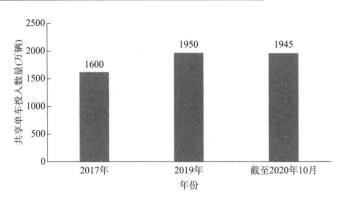

图 4-10　2017—2020 年中国共享单车投入车辆规模变化

(图片来源:前瞻网.2021 年中国共享单车行业发展现状及市场规模分析　倒闭潮推动行业进入健康成长阶段[EB/OL].https://xw.qianzhan.com/analyst/detail/220/210712-cc7a5dd7.html,2021-07-12)

4.2.1.2　发展政策环境稳定利好

共享单车是"互联网＋"、共享经济大时代下的创新型模式,不仅带来了出行行业的变革,也促进了就业,并带动相关产业链的发展,符合"创新、协调"理念。共享单车是典型的绿色交通出行,服务公众出行的同时也降低机动车使用数量,在很大程度上可以缓解城市交通拥堵,符合"绿色出行,低碳生活"的理念。我国当前共享单车运营模式虽然与最原始"分享"经济相出入,但兼具便捷特点的同时也具有典型的人人可用的共享特性,符合"开放、共享"理念。共享单车行业发展积极响应国家"创新、协调、绿色、开放、共享"的新发展理念,由此也得到政府的支持与帮助。

自 2017 年 8 月交通运输部等十部委发布《关于鼓励和规范互联网租赁自行车发展的指导意见》后,全国各地区纷纷响应国家政策,因地制宜,制定适合本地共享单车行业发展的相关条例。例如,广州市海珠区交通管理局与摩拜合作,根据共享单车软件收集的后台数据,制定相应的单车停放点,确定单车投放量,还从城市道路上划分出单车绿道。表 4-1 是通过网络爬虫技术整理得到的近年来我国各地区共享单车行业相关政策。

各地共享单车停车政策汇总　　　　　表 4-1

发布城市	发布时间	政策名称	具体内容
上海	2017 年 3 月	《共享自行车产品标准》《共享自行车服务标准》	《共享自行车产品标准》内容主要针对共享单车产品质量和安全要求,实现共享单车产品质量全过程管理;《共享自行车服务标准》内容包括民众关心的平台建设、运营要求、设施设备维护要求、计费方式、押金管理、投诉举报使用人诚信体系管理和使用者伤害赔偿等内容
	2017 年 11 月	《上海市鼓励和规范互联网租赁自行车发展的指导意见(试行)》	明确用户的押金及预存金,将由中国人民银行上海分行会同相关部门监管;企业不得将用户个人信息等数据公开或擅自泄露;加强企业之间信用信息的互通共享,共同加强对用户失信行为的约束
	2019 年 8 月	《上海市互联网租赁自行车经营服务考核办法》	明确考核范围、考核指标、考核方式和相关部门的职责

续上表

发布城市	发布时间	政策名称	具体内容
北京	2017年9月	《北京市鼓励规范发展共享自行车的指导意见(试行)》	对车辆投放实行动态平衡,企业需为承租人购买保险、车辆不得设置商业广告、鼓励企业采用免押金方式提供租赁服务等
	2017年9月	《共享自行车系统技术与服务规范》《自行车停放区设置技术导则》	要求共享自行车需配备卫星定位装置,精度误差应控制在不大于15米的范围内;为避免因车辆损坏而给骑行者带来危险,在车辆安全标准上有了更加明确的要求,投放车辆一般三年应更新或报废,同时完好率不得低于95%;企业需加强停放秩序管理,在电子地图内明示停放区、禁停区和禁骑区,同时还应搭建承租人信用平台,信用不足者将限制其租用车辆
郑州	2017年4月	"单车之家"	郑州市公共交通总公司联合研发的共享单车管理平台"单车之家"正式推出,为破解共享单车乱停乱放问题提供了一个新方案。利用可伸缩信号覆盖技术等科技手段,为共享单车开辟专用的停车场所
	2018年11月	《关于互联网租赁自行车服务质量考核办法(试行)》	郑州市城管局印发的《关于互联网租赁自行车服务质量考核办法(试行)》对共享单车企业的各项数据进行考核,排名靠后的共享单车企业将面临核减车辆的处罚
杭州	2017年4月	《杭州市促进互联网租赁自行车规范发展的指导意见(试行)》	提出了政府监管平台、平台规范用户行为的管理逻辑;杭州的职能部门将引导平台控制投放总量;平台必须按"每80辆车配一名运维人员"的标准投入维护力量等规定
深圳	2017年6月	《深圳关于进一步共享单车用户使用行为的联合声明》	对在深非机动车违法行为人实行共享单车停用措施从7月1日起已经正式启动
	2017年12月	《关于鼓励规范互联网自行车的若干意见(征求意见稿)》	明确指出,平台应建立用户个人信用管理制度,引导用户形成良好出行习惯。对违反自行车道路交通通行有关规定或违规停放自行车的行为,公安交警部门、城管部门等有关单位将按职责进行处罚,并将其违法违规信息纳入个人信用记录
	2017年1月	《深圳市自行车停放区(路侧带)设置指引(试行)》	明确了自行车停放不得妨碍行人通行,在占用人行道停放时须保证1.5米的剩余人行空间。适宜停放区域包括轨道站出入口后方及两侧、公交站台两侧空地或者高架桥、人行天桥下空间,不适宜停放区域包括人行天桥及通道出入口、绿化带、盲道、井盖上等。同时明确了停放区一般采用平面设置形式,标线及地面图案为白色,并提出自行车停放架配置要求,在特殊情况下可通过借鉴日本、德国等先进城市经验设置地下停车库或地面停车楼

续上表

发布城市	发布时间	政策名称	具体内容
深圳	2019年3月	《深圳市互联网租赁自行车行业信用管理实施办法》	明确要求共享单车企业违规投放单车或无法退还押金的,企业将被列入"失信名单"的,3年内不得在深圳新增车辆投放和更新;用户违规骑行、停放单车被罚累计3次,将会被拉入"黑名单",将面临暂停或者禁用共享单车的处罚
	2021年7月	《深圳经济特区互联网租赁自行车管理若干规定》	完善车辆投放和备案机制、保障使用人资金安全、规范车辆停放秩序、强化经营者管理责任、完善扣押车辆处置程序
广州	2017年3月	《广州市中心城区城市道路自行车停放区设置技术导则》	宽度3.5米以下以及设置停放区后不满足行人通行带最小宽度要求(一般道路最小宽度为2米、重要商业街最小宽度为4米)的人行道不应设置自行车停放区
	2018年1月	《关于鼓励和规范广州市互联网租赁自行车发展的指导意见》	明确了我市互联网租赁自行车的功能定位、发展原则,以及政府、企业、市民各方的权责义务
	2020年9月	《广州市互联网租赁自行车管理办法》	《网络预约出租汽车经营服务管理暂行办法》共33条,对互联网租赁自行车的发展定位、行政监管体制、车辆总量控制、停放秩序管理、企业运营要求、用户行为规范、社会共建共治等内容作了全面规定
成都	2016年12月	《成都市中心城区公共区域非机动车停放区位技术导则》	即日起,包括共享单车在内的非机动车,在成都有了停放的"正确姿势"——放进白框,统一朝向
	2017年3月	《成都市关于鼓励共享单车发展的试行意见》	引导共享单车规范有序发展,推动绿色低碳出行。这也是我国首个城市支持共享单车发展的政策
武汉	2017年8月	《市人民政府关于鼓励和规范互联网租赁自行车健康发展的意见》	从车辆投放、通行停放、规范管理、运营服务、骑行安全等各环节,明确了共享单车发展的总体要求,提出了要规划建设慢行交通系统,细化了政府相关部门、共享单车企业及承担人三方责任
	2019年4月	《武汉市非机动车管理办法》	单车车企未做好车辆停放秩序管理,未回收损坏、废弃车辆,未及时对禁停区域车辆进行清理,城管部门按照每辆车20元的标准对经营企业进行处罚
	2021年10月	《武汉市互联网租赁自行车经营企业服务质量考评办法(征求意见稿)》	市交委、城管委、公安交管局为进一步加强互联网租赁自行车规范管理,强化互联网租赁自行车经营企业主体责任,促进企业健康有序发展起早了《网络预约出租汽车经营服务管理暂行办法》
长沙	2018年4月	《长沙市促进互联网租赁自行车规范发展的指导意见(试行)》	《指导意见》从以下七个方面提出了相关具体措施,包括科学合理定位、明确部门职责、规范企业运营行为、保障用户资金安全、引导用户文明用车、规范市民行为等

续上表

发布城市	发布时间	政策名称	具体内容
福州	2017年11月	《福州市人民政府办公厅关于规范共享单车管理的实施意见(试行)》	坚持"创新、协调、绿色、开放、共享"新发展理念,以解决市民短距离出行和对接公共交通需求为导向,以市场配置资源、政府规范监管为手段,落实企业主体责任,规范用户骑行行为,引导我市共享单车规范有序发展
南京	2017年7月	《关于引导和规范互联网租赁自行车发展的意见(试行)》(以下简称《意见》)	《意见》共十四条,主要规定了市相关部门和各区政府的职责、互联网租赁自行车运力投放、路权和停车保障、施划禁停区域、车辆标准、企业运营服务要求、资金安全、用户义务与责任等内容
南京	2018年1月	《南京市互联网租赁自行车企业经营服务评价指标》	从经营管理、部门评价、社会评价3个方面,综合评价一段时间内企业的经营服务状况,其中社会评价占较大权重。评价将进入企业信用档案,促使企业加强线下管理,提升服务质量
南京	2019年6月	《南京市互联网租赁自行车运力规模动态调整实施细则(征求意见稿)》	南京对共享单车企业实施企业经营服务综合考核,将企业的运营维护服务、路面日常管理、重点目标管理、清拖违规车辆、运营服务社会满意度等情况与企业运力额度相挂钩
沈阳	2020年5月	《沈阳市关于规范共享单车发展的若干意见(试行)》	明确企业的运营资质、责任义务、服务标准、运维规范、政府监管事项及各部门职责分工等内容
南宁	2019年1月	《南宁市人民政府关于鼓励和规范互联网租赁自行车发展的意见(试行)》	《意见》分为六个部分:一提出总体要求;二定各方责任;三引导企业规范发展;四加快配套设施建设;五化行业有序管理;六加大社会宣传力度
南宁	2021年3月	《南宁市互联网租赁自行车管理暂行办法》	《网络预约出租汽车经营服务管理暂行办法》共分为十六条,主要包括了管理对象与适用范围、部门管理职责、车辆投放和停放管理、运营企业责任、用户使用要求以及监督管理要求等六大部分内容
天津	2017年4月	《天津市互联网租赁自行车管理暂行办法(征求意见稿)》	对涉及的政府管理部门、运营企业、使用者的各方责任,发展原则、车辆登记、企业运营规范及管理、使用者行为规范、信用体系建设、监管与违规处罚等方面予以了明确和规范
天津	2020年2月	《天津市关于鼓励规范互联网租赁自行车发展的指导意见》	明确各方责任;引导企业规范发展;保障机制
天津	2020年12月	《天津市互联网租赁自行车服务质量考核办法》	明确考核对象及奖惩办法、考核内容及方式
苏州	2021年4月	《苏州市区共享单车实施工作方案(试行)》《苏州市鼓励和规范共享单车发展的指导意见(试行)》	《意见》拟提出鼓励和规范共享单车运营,适度控制投放规模,严格规范管理,探索建立有效工作机制,形成共享单车与公共自行车协同发展的良好局面

续上表

发布城市	发布时间	政策名称	具体内容
东莞	2019年5月	《东莞市促进互联网租赁自行车规范发展的指导意见》	明确要求企业须设立押金专用账户,预付资金专用账户,确保用户押金安全并按照约定及时退还押金
青岛	2017年11月	《青岛市关于规范发展互联网租赁自行车的指导意见(征求意见稿)》	控制市区共享单车投放总量并且保持动态平衡;共享单车企业应为承租人购买人身意外伤害险;承租人租用共享单车须满12岁并且要实名注册;企业收取押金、预付金,应开立专户进行存放
合肥	2017年11月	《鼓励和规范互联网租赁自行车发展的实施意见》	明确合肥将坚持"创新、协调、绿色、开放、共享"新发展理念,以满足市民短距离出行和公共交通系统换乘接驳需求为导向,优化交通出行结构,构建绿色低碳的出行体系。"以市场配置资源、政府监管为手段,落实企业主体责任,规范承租人骑行行为,维护城市环境,引导互联网租赁自行车规范有序发展"
合肥	2018年3月	《合肥市城区共享单车停放区设置及管理暂行办法》	主要包括停放区设置要求、设置形式、监督管理等内容
佛山	2019年5月	《佛山市人民政府办公室关于鼓励和规范互联网租赁自行车发展的指导意见》	乱停乱放共享自行车将被企业列入信用"黑名单"
宁波	2019年5月	《关于规范宁波市互联网租赁自行车发展的若干意见》《宁波市非机动车管理条例》(修订)	建设互联网租赁自行车监管平台,形成交通运输、综合行政执法、公安等多部门及市区两级联动机制,编制发展研究报告,制定企业服务质量评价办法及措施,规范互联网租赁自行车管理,为市民营造良好的出行环境
无锡	2018年8月	《关于鼓励和规范互联网租赁自行车发展的实施意见》	从经营企业责任、文明用车引导、信用评价考核等方面明确了各项政策。一是明确互联网租赁自行车的定位:互联网租赁自行车是分时租赁营运非机动车,是绿色交通系统的组成部分,是方便公众短距离出行和公共交通接驳换乘的交通服务方式,并提出不鼓励发展互联网租赁电动自行车;二是明确互联网租赁自行车规范发展要求。提出了8个方面的鼓励和规范发展政策。三是明确互联网租赁自行车职责分工和保障机制

4.2.1.3 企业运营情况良好,科技水平逐步提升

本报告对部分共享单车企业近年科技创新进行梳理如下。

(1)滴滴青桔技术创新。

滴滴青桔利用互联网技术优势建立全链路智能系统——青桔智控中心,根据城市人口、城市规划、出行需求、自然条件及细分场景,有效平衡供需,精准投放车辆,并利用网格化管理、潮汐调度、热点调度等方式提升车辆利用率。

城市脉搏系统作为滴滴青桔自研的企业数据平台,可通过开通账号的方式登录查看企业数据,具备展示企业车辆总量分布和实时定位的功能,满足主管部门数据监管与政企共治

的需求。通过展示各城市行政区维度的车辆总量分布、车辆实时定位与电子围栏筛选、运维人员和运维工单处理进度、计价规则、单车定位和设计理念、平台证照信息等内容协助行业主管部门掌握电单车业务实况,为行业主管部门提供共享出行业态监管中枢。该系统已整体服务百余座城市。

滴滴青桔城市车辆管理系统"青桔智控中心"致力于依托滴滴出行数据、人工智能计算平台,构建滴滴青桔在城市中短途出行需求的预测能力。通过北斗+GPS双模式高精度导航定位,实现"定点还车、入栏结算",结合滴滴青桔的大数据管理平台,实现智能调度运营,优化车辆调派,助力共享单车、共享(电)单车融入智慧出行交通体系。

①智能头盔——骑行安全从"头"做起。

2020年5月,公安部交管局在全国范围开展"一盔一带"行动,鼓励倡导共享(电)单车企业为用户配置安全头盔。青桔积极响应主管部门号召,在全国多地主动为车辆加装安全头盔,同时自主研发智能头盔产品,意在通过更智能的产品解决传统头盔丢失率高、用户体验差等问题。

新型青桔智能头盔采取电控锁和机械锁双重锁扣形式,可牢牢固定在车篮中。用户扫码开锁时,头盔锁和车辆中控ECU通信,检测、控制头盔锁关闭和打开动作;骑行结束后,用户还车时,需将头盔放回车篮中,扫码还车时头盔锁和中控ECU再次通信,判断头盔归位且无故障,保障下一位用户的骑行体验。

在保障安全的同时,青桔在设计方面最大程度兼顾公共卫生、企业成本、用户体验等因素,采用防静电免清洗材料,加装了防剪安全带,并配以语音播报,在客户端进行用户宣教,引导用户佩戴头盔骑行。

②守夜人项目——紧急救助夜间摔倒。

在事前、事中、事后预警和干预机制方面,青桔不断发力。基于已积累的大量骑行数据,青桔智控中心可精准识别骑行中的高危场景及复杂路段,用户经过危险路段时,可实时提醒"前方路段高危,请小心骑行"。

在此基础上,青桔还充分借鉴网约车在用户安全保障方面积累的技术和经验,对安全场景进行细分,进一步提高用户安全保障实力。为减少夜间摔倒导致的伤亡事故,青桔守夜人项目应需而生。该项目致力于通过集数据采集、模型算法、云端实时预警能力于一体的"线上+线下紧急救助系统",第一时间发现夜间骑行摔倒事故,并针对突发事故快速采取救助行动。为此,青桔研发了基准重力检测、摔倒模型测算两大算法,上线用户IVR推送预警功能,并针对此场景对客服人员进行专项培训。

2019年1月上线以来,该项目触发预警4542次,累计现场救助148人,通过客服连线帮助720人,因救助及时,该高危场景未发生一起人亡事故。未来,青桔将针对更多电单骑行高危场景,在算法、技术等方面不断探索新的解决方案,为用户提供更细致、更及时、更全面的安全保障。

③人脸识别——拦截未成年人使用。

为降低因未成年人擅自骑行(电)单车而引发的事故率,除采取实名注册等常规手段,青桔研发了应用于共享(电)单车上的人脸识别技术。获得用户脸识别授权后,用户扫码开锁时,用户端会提示其进行人脸扫描,通过摄像头采集人脸信息,自动与用户注册身份信息进行比对,对信息匹配不成功的用户进行订单拦截,禁止骑行。

（2）哈啰单车科技创新。

①智能锁技术推广应用。

作为共享单车的核心智能硬件,哈啰单车智能锁迭代升级进入第6代,进一步优化在智能定位和智能自诊等方面的功能,在行业内处于领先地位。通过提高车辆定位精准度,提升用户找车体验,同时提高运维工作效率。而借助智能自诊功能可以及时将车况诊断结果上报给服务器,帮助运维精准掌握车辆情况,对故障车辆快速反应进行维修。以此保证路面车辆维持正常车况,为用户提供优质骑行服务。

②蓝牙道钉技术助力发展。

面对共享单车在城市无序停放的难题,哈啰单车推出行业最高技术标准的"蓝牙道钉",用技术引导用户在规定区域内有序停放车辆,在停放区域内才能实现关锁。推动共享单车泊停智能化管理,助力提升城市交通的智能化和规范化管理效率,营造更友好的城市环境。

哈啰出行蓝牙电子围栏系统,是通过在落锁区内部署蓝牙道钉,利用蓝牙定位技术设置虚拟电子围栏,通过神经网络自适应等智能算法,可实现用户停车行为的智能判断,对不规范停车行为给予智能提醒与教育,形成引导与约束的双重保障,从而实现共享单车的规范管理。

③非机动车停放智能识别系统提升运营效率。

基于图像识别、人工智能分析等多项技术,哈啰出行自主研发非机动车停放行为智能识别系统,通过该系统可实时智能判断所在区域停放的各品牌单车、社会车辆数量。当某区域单车总量过多时,系统会自动派单给运维人员前去调整车辆数量,从而实现了运维工作的及时性和准确性,实现总体单车的动态平衡。目前,该系统已在上海、济南、福州等城市上线。

④非机动车安全防控大数据平台实时管控。

针对目前非机动车违规行为的智慧化监管方案,以物联网、云计算、视觉人工智能作为数据收集和态势分析工具,以数据空间技术作为可视化呈现路径,通过多层次、多粒度的大数据挖掘,实现对非机动车违规行为的精细化监管,例如对非机动车驾驶人逆行、闯红灯、未佩戴头盔、非法载人等的快速抓取。目前,该系统已在福州高新区试点。

⑤用户骑行安全系统提升安全保障。

通过对车辆姿态和状态进行识别,在用户骑行的前、中、后三个阶段对骑行行为进行安全保障。这套安全系统可提供的干预,包括骑行前的车辆故障自检、骑行中对危险路段等的风险提示以及骑行后车辆如遇倒地时的蜂鸣报警等。

2019年8月,在上海世界人工智能大会上,哈啰出行首次发布其最新迭代升级的智慧系统——"哈啰大脑2.0"。"哈啰大脑2.0"是哈啰出行全业务生态的决策中心,基于大数据、人工智能、云计算技术,实现智能供需预测、智能规划、智能调度、智能派单等全业态全链路运营决策智能化,以达到运力在时间、空间与用户需求上的相对最优匹配。

哈啰智能调度是人工智能技术在共享单车领域的落地应用,体现了新技术与新模式的深度结合。从智能化到智慧化,是发展新型两轮出行的必由之路和方向。具体来讲,哈啰智能调度系统,能够基于POI站点属性、历史骑行数据、实时天气等因素,通过算法和人工智能对某一点位的车辆进行供需预测。同时,基于调度人员的实时位置、载具运力,生成不同点位的调度任务,并为调度人员规划出相对最优的调度路线。

(3)松果出行科技创新。

松果出行打造了全时四维云端智能调度系统,通过科技手段实现高效调度,提升运营效能。基于这一云端系统并与线下实际情况相结合的策略,松果出行优化了城市管理、配件管理、人员管理、工单管理、安全合规等调度逻辑,助力城市道路安全管理。同时,松果出行坚持不断优化工单分配策略,并不断推动城市GMV提升,全面采用多场景管理机制、反欺诈机制和运营调度模块全生命周期管理机制,实现各运营指标同比上一年平均增长50%,且稳定运行超一年。

开发车辆精准投放体系,不搞"海量投放",保证车辆不冗余、不稀缺。基于深度学习等人工智能技术和海量训练数据精准测算投放车辆,充分考虑了目标城市居住人口、城市面积、城市经济等因子,做到不影响城市市容市貌并满足政府要求。通过这一系统,松果出行能保证车辆不冗余、不稀缺,实时处理分析预测用户骑行路线,在投放环节做出相应的调度策略,实现精准投放,满足城市用户骑行需求。精准投放相应算法还作用于开辟车站、安全合规等场景,通过持续的产研投入,松果形成完整的算法技术体系,精准投放算法便来自一流研发团队,稳定性、准确度可信赖。

通过先进的算法与控制系统相结合,大幅提升车辆遗失寻回能力。松果出行为每辆单车配备高精度、全天候的无线电导航设备、卫星导航系统,通过电子控制单元实现高精度定位,减少50%的车辆遗失。松果出行的导航系统与电子控制单元实现了完美整合,系统通过记录车辆二维码扫描的历史记录及状态,当相关设备损坏或丢失时,系统识别最后扫描二维码的经纬度,指导运维人员精准到达车辆遗失位置并寻回。松果车辆遗失查找系统应用效果显著。车辆遗失系统致力于将地图静态数据测算、大数据分析、终端传输等多元数据融合,将多种定位源高度整合,缩小定位范围,借助算法优化,最终可实现厘米级车辆高精度定位。

4.2.2 共享电单车行业发展热度持续

随着国家对全社会低碳生活理念的推行,城市低碳出行成为未来发展的必然趋势之一。共享电单车作为绿色交通出行的方式之一,在特定场景下也得到了广泛的应用。

我国城市通勤距离分布数据如图4-11所示,5千米内的通勤人群占比达67.5%。而共享电单车最适宜出行距离为1~10千米,加上其随查随用、不用维护、不担心丢失等便民特性,决定其有着广阔的发展前景。

使用共享电单车出行可以满足绝大部分通勤人群的日常需求。对比共享电单车、私人电动自行车、公交车、地铁、网约车和出租车等不同交通工具的特征,结合共享电单车限速、出行成本等考量因素,5千米内使用共享电单车出行在性价比、综合体验方面更有优势。同时,对比5千米内的骑行和驾车的通勤时间,45.9%的新一线城市用户骑行共享电单车比驾车更节省时间,共享电单车提升出行效率更显著,具体数据如图4-12所示。

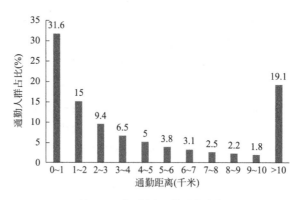

图 4-11 我国城市通勤距离分布

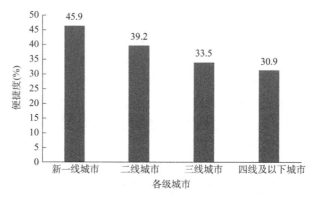

图 4-12 各等级城市共享电单车与驾车便捷度比较情况

(图片来源:遇见新能源.共享(电)单车发展现状、存在问题及解决方案[EB/OL].https://mp.weixin.qq.com/s/LY-FQ9QsP_faaP17P38o9sQ,2021-12-5)

然而,共享电单车发展在国内不同城市有着差别很大的待遇,究其原因在于其布局分散、灵活放置的特点容易给城市街道景观带来很大影响,同时其存在一定安全性隐患,给城市管理部门带来很大监管难度,在整体监管机制、手段不成熟的条件下,各地按照城市实际需求制定了不同的发展政策。2017年8月,交通运输部等十部门联合出台《关于鼓励和规范互联网租赁自行车发展的指导意见》,明确提出"不鼓励发展互联网租赁电动自行车"。2018年5月15日,工业和信息化部发布了《电动自行车安全技术规范》(GB 17761—2018),明确电动自行车安全条件的同时,也为共享电单车行业的发展提供了生长土壤。2019年3月,交通运输部等七部委联合印发的《绿色产业指导目录(2019年版)》将互联网租赁电动自行车编入发展绿色产业目录,明确鼓励发展共享交通设施建设和运营、发展共享交通业务。由此,曲折的共享电单车发展之路终于走上正轨。目前,昆明、合肥、长沙、南宁、石家庄、哈尔滨、厦门等地政府已经将共享电单车纳入统一监管,浙江、湖南、黑龙江等地已制定省级共享电单车管理法规,基本形成"规范管理、总量控制"的思路。

2021年,交通运输部在2021年政协第十三届全国委员会第四次会议第[2436]号提案答复函中,明确表示"共享电单车属于慢行交通,是绿色出行体系的一部分。当前阶段,共享电单车可以作为部分城市公共交通的一种有益补充"。

共享电单车行业2017年开始探索发展,2019年进入快速发展阶段,共享电单车投放量大幅提升,目前,已经累计运营 800 余万辆,预测 2022 年底,行业投放总量将突破 1000 万辆。

2019 年 4 月 15 日,工业和信息化部发布的《电动自行车安全技术规范》(GB 17761—2018)正式执行。该国家标准于 2018 年出台后,各地政府纷纷出台政策为超标车设置过渡期,市场存量的超标车安全隐患仍然较高。相比私人电动自行车,共享电单车符合现行国家标准,安全优势明显,车辆通过技术手段降低骑行和充电过程中存在的安全隐患。根据极光调研数据,80% 用户认同共享电单车骑行过程中安全性更高。《电动自行车安全技术规范》(GB 17761—2018)颁布后,电单车监管体系逐步成熟,共享电单车产品获得监管许可。共享电单车和私人电动自行车的安全性对比如图 4-13 所示。

图 4-13 共享电单车和私人电动自行车的安全性对比

共享电单车企业分为两个梯队:第一梯队是滴滴青桔、哈啰、美团、松果四家,每家投放量在 200 万辆左右,累计近 700 万辆;第二梯队是小遛、喵走、小哈等地方品牌,合计投放量在 200 万辆左右,虽然投放量略小,但由于行业的地域运营属性,众多品牌可以在市场中找到自己的位置,并持续健康发展。

目前,已经投放共享电单车的城市有 300 座左右,约占全部适宜运营电单车城市的 30%,且部分现有运营城市由于市内区域的限制,主要投放在郊区或者县城,仍具有较大增长空间。同时,中国共享电单车投放数量与用户均集中于二线城市、三线城市以及三线以下城市,投放数量占比分别为 24.6%、40.9% 以及 33.0%,用户占比分别为 23.5%、40.5% 以及 34.3%。

未来,一线城市、二线城市对于电单车的监管将趋于严格,共享电单车业务区域仍将集中于以三线及三线以下城市为主的下沉市场。我国有 2700 多个县,加上 260 个左右的地级市,大多数地区的公共交通系统还有待完善,居民对 3~10 千米的出行需求没有得到满足。

共享电单车能够满足多场景的出行需求,有效提升城市活力。目前,共享电单车主要被广泛用于上下班通勤、外出购物、休闲娱乐以及接驳公共交通的场景,在上下班通勤和外出购物场景下,需求超过 40%。根据调研数据显示,近三成用户日常出行几乎都可通过共享电单车满足。用户在不同出行场景对共享电单车使用需求占比如图 4-14 所示。

从共享电单车的用户分布来看,其用户主要集中在三线及三线以下城市:二线、三线、四线及以下城市每天使用共享电单车出行的用户占比在 30% 以上,四线及以下城市用户占比最高,达 37.1%。以新一线城市长沙、二线城市昆明、三线城市银川为例,三个城市用户日均出行次数达 1.52 次,有 41% 左右用户日均使用共享电单车 2 次以上,日骑行最高用户达 13 次。各等级城市每天使用共享电单车的用户占比如图 4-15 所示。

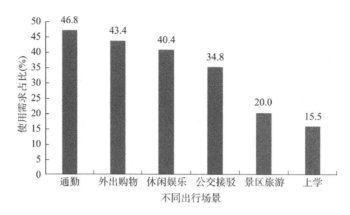

图 4-14 不同出行场景共享电单车使用需求占比

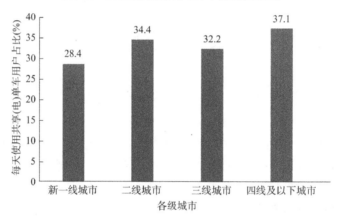

图 4-15 各等级城市每天使用共享电单车的用户占比

4.2.3 共享电单车安全问题成为行业关注热点

自共享电单车进入市场之日起,其安全问题便引发社会各方广泛关注。一方观点认为,共享电单车相较于人力自行车速度快,对交通管理与交通安全保障带来新的挑战。另一方观点认为,相较于私人电动自行车,共享电单车采用现行国标生产,叠加专业运营公司科技管控手段,其车辆安全性能与监管使用比私人电动自行车安全、规范。共享电单车安全问题成为影响共享电单车行业政策制定的重要因素之一。为研究共享电单车的安全问题,本报告以长沙、贵阳、新乡三座城市为代表,获取了共享电单车实地调研数据和订单轨迹数据,同时,在全国范围内通过问卷调查获取了用户认知数据,进行共享电单车安全分析。《报告》中此部分内容由中国交通运输协会共享出行分会、公安部道路交通安全研究中心、交通运输部公路科学研究院道路安全研究中心共同编写,美团提供了相关订单轨迹数据。

4.2.3.1 整体安全水平分析

首先是骑行速度的统计。本报告中,行驶平均速度基于轨迹点距离和行驶时间(不含规范停车时间),轨迹平均速度基于轨迹点距离和行驶时间(含规范停车时间)。依据数据统计分析,得出城市共享电单车骑行速度如图4-16所示。行驶平均速度上,长沙市为17.4千米/小时、贵阳市为17.1千米/小时、新乡市为16.0千米/小时;轨迹平均速度上,长沙市为

10.0千米/小时、贵阳市为8.1千米/小时、新乡市为10.3千米/小时,整体骑行速度符合《电动自行车安全技术规范》(GB 17761—2018)要求。

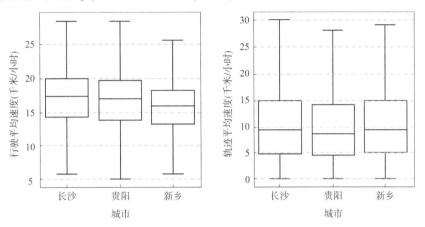

图4-16 城市共享电单车骑行速度统计分析

同时,分析团队也将其与私人电动自行车骑行速度进行对比,发现共享电单车速度显著低于私人电动自行车。如图4-17所示,路段地点车速为长沙、贵阳、新乡3市的调研路段上,私人电动自行车、共享电单车驶过道路断面时的瞬时速度共享电单车地点车速分布区间为15~20千米/小时,平均地点车速为17.5千米/小时。而私人电动自行车地点车速分布区间为19~25千米/小时,平均地点车速为22千米/小时。

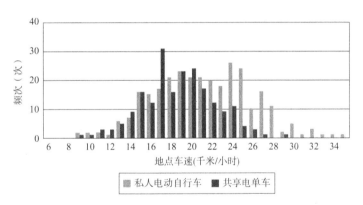

图4-17 城市共享电单车地点速度与私人电动自行车地点车速对比分析

同时,在骑行违章行为上,共享电单车也显著低于城市私人电动自行车。如图4-18所示,共享电单车在交叉口闯红灯、路段违法占道行驶方面整体占比低于私人电动自行车,显示共享电单车良好的速度控制对骑行违章行为起到了一定的抑制作用。

在充电管理上,共享电单车车辆通常配备锂电池,有效减轻铅酸蓄电池生产、废弃回收污染,电池可拆卸,由企业回收集中充电(图4-19),通过集中式仓库布局、完善消防设施设置等方式,有效降低电池引发的消防安全隐患。

同时,研究团队也采用问卷调查的方式对公众对共享电单车的安全感知进行调研分析(图4-20),结果显示六成用户认为共享电单车安全,四成用户认为私人电动自行车安全,用户整体认为共享电单车更安全。

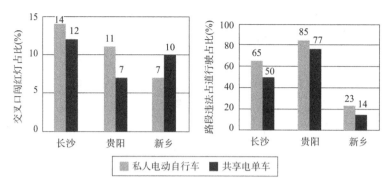

图 4-18　城市共享电单车与私人电动自行车违章对比

图 4-19　城市共享电单车电池集中管理　　　图 4-20　用户安全感知频次统计

2021年,绝大部分企业严格落实《电动自行车安全技术规范》(GB 17761—2018)技术要求,将车辆安全性能作为最核心要素,重点开展安全功能研发和车型定制。例如,自主研发车辆迭代避震功能、载重传感技术、智能头盔技术等安全功能,定制新车型,强化车辆安全部件并建立完善的车辆维修保养体系,具体如图4-21所示。

图 4-21　城市共享电单车安全技术配置

共享电单车行业能够借助先进技术实现全程监测,支撑管理决策能力。共享电单车车辆全部搭载物联网智能终端(图4-22),动态采集车辆位置、轨迹、车速、车况、年限、里程、电池健康状态、故障报警等数据,支撑企业动态监管和问题车辆回收。同时,实现骑行数据与管理部门平台共享,支撑政府监管与决策分析。

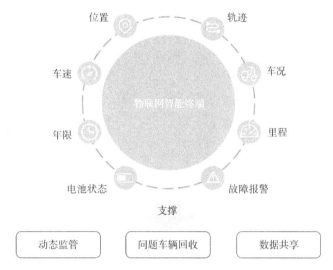

图4-22 城市共享电单车监管技术配置

多数共享单车企业十分关注电池环保规范化,严格管控消防安全。企业从场站选址、改造、运营三个重要环节系统布置,共享电单车行业充电管理如图4-23所示,主动预防,降低火灾发生,确保共享电单车电池在集中充电过程中的安全。通过建立电池回收处理机制,统一无害化处理废旧电池。

图4-23 城市共享电单车行业充电管理

另外,值得一提的是共享电单车行业多管齐下,多方位规范骑行行为。企业注重智慧管理技术研发,未来可逐步实现:骑行前,采用人脸识别技术,对信息匹配不成功的用户进行订单拦截,禁止骑行,并进行骑行安全提醒和危险行为告知;骑行过程中,采用风险行为识别技术,综合判断车辆行驶状态,规范骑乘行为;骑行后,通过建立行业白名单和组织安全宣传教育活动等形式进一步加强骑行人的安全意识,具体如图4-24所示。

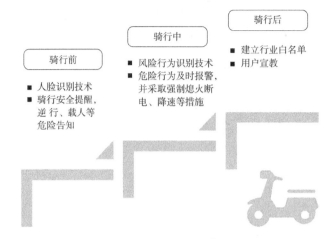

图 4-24　城市共享电单车行业骑行规范管理

最后,安全管理仍然是共享电单车面临的重大挑战。共享电单车行业在安全保障方面做出了积极努力,取得了一定的成效,但是作为一种新兴的交通业态,共享电单车现阶段仍存在一定的不足,这些问题的解决,依赖于各级政府、相关部门及企业在以人的安全为本、遵循市场经济客观规律的基础上,统筹兼顾安全与发展,从管理制度、技术标准、运维管理、宣传执法等多方面形成合力,逐步加以解决。

4.2.3.2　行业管理方向与发展

政府在对共享电单车行业管理上,重点突出科学治理与智慧管理两个方面,基本方法有加强总量控制,限制投放区域,集中表现在明确共享电单车在管辖区域内部的功能定位,尤其是明确与城市交通出行的发展关系,从而制定总量控制的目标,防止车辆过多投放,过多占用城市公共空间,同时,也逐步规划车辆投放区域。另外,各地政府也依据行业特点,创新监管方式,促进行业的动态调整,包括建立城市共享电单车容量管理机制、严格执行考核退出机制、完善奖罚机制,具体政策内容见本书 4.1,这里不再重复。

政府在实行行业管理的同时,也在不断完善道路交通设施,优化骑行环境,具体工作有保障路权、完善道路交通设施及交通组织、合理规划非机动车停放区和建设骑行友好示范街区及示范城市。

企业层面也在立足骑行实际需求,不断提高车辆安全性能,具体措施有加强车辆速度控制、淘汰不合规车辆、强化限速装置设置;同时,也加强车辆日常安全巡检、保修与维护,配备保障维护人员,明确车辆定期巡检、保修、维护相关技术要求;加强充电设备与电池防护措施,推动充电设施配备与车辆投放规模相匹配,分类别、分阶段改进电池使用寿命和防护要求;加强车辆安全防护装置配置,配备安全头盔,设置防护罩板,规范车辆照明,配置夜间反光标识。

在安全文化上,也不断加强宣传教育,强化安全意识,包括加强骑行者安全骑行意识、使用前安全知识测试、设置自使用过程中的安全提示、定期推送安全宣传内容,加强骑行违法行为联合惩戒,建立健全用户诚信体系,提高交通违法成本。

4.2.4　共享电单车行业发展贡献突出

4.2.4.1　从绿色低碳角度

据西安交通大学发布的《共享电单车社会价值报告》中表明,31% 的共享电单车出行替代了以小汽车和摩托车为主的高碳出行。企业也坚持探索低碳可持续发展,对车辆全生命周期进行循环再利用管理。

4.2.4.2 从用户需求角度

3~5千米的中短途出行距离,是市民通勤及出游频率最高的出行场景。共享电单车作为城市交通系统的有效补充,满足大部分出行需求且通勤效率更高。新冠肺炎疫情期间,共享电单车的空间开放性和较高的可达性等优势,深受市民欢迎。同时,电动车现行国标的实施,也将会促使市民的出行需求从私家电单车转移至共享电单车。

4.2.4.3 从用车安全角度

按现行国标配置安全合规车辆,降低骑行安全隐患。"集中充电、以换代充"的用电模式相比个人充电更安全。更安全的共享电单车有助于推动"超标电动自行车"淘汰,构建安全出行环境。以青桔为例,该公司采用国家专利充电仓进行电池集中充电,多项充电技术确保电池充电安全无异常。同时,充电仓库专人24小时值班、消防设施完备,确保消防安全。

4.2.4.4 从社会治理角度

"共享"降低了私人电动自行车的保有量,企业运营行为更有利于政府监管。同时,车辆通过软硬件迭代升级,提升定位精度,发展电子围栏,确保车辆精准停放,解决城市管理中共享电单车秩序问题。

4.2.4.5 从缓解就业压力角度

在方便市民出行的同时,共享电单车创造了大量运营、维修等岗位需求,这些工作属于劳动密集型行业,对学历、技能等方面要求不高,可以精准吸纳大量的贫困人口就业,增加贫困人口收入,也是助力脱贫攻坚、稳定就业的不错手段。以青桔为例,该共享单车企业在本地设置运维团队,提供车辆摆放、充换电、调度、维修、仓库管理等就业机会,优先解决退伍军人及困难职工就业问题。

4.2.4.6 从助力政府宣传角度

共享电单车均有语音播报功能,可协助政府部门围绕工作重点有针对性地进行宣传。以青桔为例,先后配合政府各部门上线"反诈骗""绿色出行""交通安全日"和"一盔一带"等主题的语音播报,在全国近百座城市覆盖上亿人次。共享电单车也逐渐成为政府部门的移动宣传阵地。

4.3 共享(电)单车行业发展问题与政策建议

4.3.1 共享(电)单车行业发展经验与问题

共享(电)单车作为"互联网+"交通的新兴业态,经历了快速增长、竞争发展、重组变革等发展阶段,也逐渐成为城市居民出行的组成方式之一。至今,行业发展已基本平稳,企业运营效益稳中有升。在调研中发现,有三条好经验、存在三个突出问题。

4.3.1.1 共享(电)单车的好经验

(1)强化顶层设计,形成引导、管控、考核的闭环管理。

共享(电)单车自身的灵活性也决定了其管理的复杂性,"企业受益、政府买单、环境受累"的局面是需要防范的关键事项。各城市依据交通运输部等10部门《关于鼓励和规范互联网租赁自行车发展的指导意见》,结合属地实际情况,制定了互联网租赁自行车实施细则、秩序停放管理办法和废旧共享(电)单车巡查清运监督管理办法等一系列行业治理政策。通过完善政策法规,明确了各相关管理单位的监督管理职责,并对运营企业经营行为提出了规范性要求,引导行业有序发展。各地从促进行业可持续发展的角度,结合城市容量及需求,明确行业定位、总量规模、管理职责,制定行业发展规划。同时,为提高企业服务水平和运维能力,多地政府已将共享(电)单车运营情况纳入年度考核内容,明确了对运营企业服务质量的考核细则,对车辆停放、投放以及运维效率等工作定期实施考核,并将考核结果作为动态增减配额的重要依据,按照"奖优惩劣、增减结合"的原则,在年度控制的投放总量范围内对运营企业运营配额实施动态增减调节,并对连续多期集中考核结果为不合格的企业,责令其退出市场运营。

(2)推动联动管理,构建齐抓共管的行业协作管理局面。

共享(电)单车管理涉及交通、公安交警、城管、社区等多个部门,"政、企、民"齐抓共管方能最大限度地实现良好秩序管理。参考成都市优秀管理经验,明确各方职责,构建会议协商制度,发挥多方优势,形成全社会共同协作的治理模式。同时,乐山市也形成部门会商联席会议制度,构建常态管理机制;乐山市交通运输局、市公安局、市城市管理行政执法局和市中区政府积极协调,做好共享(电)单车在运营过程中的服务质量、突发情况处置工作,共同治理停车乱象问题。

(3)重视技术发展,提升行业管理效能与监管水平。

共享(电)单车呈现"灵活、零散、凌乱"的特点,增加了政府对行业的监管难度。各地积极应用数字化、信息化技术,包括成立互联网租赁自行车序化管理平台,依托车辆信息录入、电子围栏自主设定、工单派发、线下核查、人员管理等功能,实现对全市车辆总数控制、停放秩序的改善以及车辆和人员的精准调度。利用电子围栏技术,有效设置可停区域及禁停区域,加强车辆规范停放管理。探索登记上牌管理,对投放车辆实行上牌登记,通过牌证监控运营动态,实现对市场投放量的科学调控,杜绝企业超额投放、无序竞争。同时,配套开发监管平台线下核查小程序,严防企业超投车辆,检查停放区是否车辆淤积。另一方面,加强线下投放车辆的管理。要求企业改变过去"人员变动频繁,联系十分困难"的现象,配备相对稳定的管理人员,指导企业加强停车管理,组建专业管护队伍。

4.3.1.2 共享(电)单车存在的突出问题

共享(电)单车入市以来,各地政府不断完善管理制度,积极应用数字化、信息化技术,提升行业数字化监管水平,强化行业精细化管理能力,取得了一些阶段性成果。但通过调研发现,省级到地市都面临行业治理客观问题,总结梳理如下。

(1)政策法规依据不足,管理职责难明确。

由于共享(电)单车涉及多个管理部门,亟待出台政策制度,明确各方职责。调查发现,个别城市尚未出台专门的互联网租赁自行车管理相关规定,暂根据地方城市管理监督部门和公安交警部门的法律法规和地方性法规规章对乱停乱放、违反交通规则的行为有相应罚则,但对于共享(电)单车停放场地、充电场地的划定设置,对未成年人骑行的规范和约束,信用评价及招投标管理等未有明确的规定。同时,对企业的市场准入、退出、考评监管等尚未出台管理考核办法,暂未将企业运维情况监管起来。

(2) 各地行业管理发展水平不一,企业区别施策。

面对共享出行这一涉及多个领域的系统工程,个别城市尚未明确政府各部门管理职责,现有的组织体系作用发挥不够明显,缺乏常态化统筹协调机制。同时,政府作为单一的治理主体,企业只是依据政府出台的相关管理规定照章行动,缺乏管理的主动性和内在激励。另外,由于政府相关管理部门监管力量的有限性,在实际工作的监督上仍存在力不从心之处。在共享(电)单车问题的治理之中,仍然缺乏完善的制度保障,在政府、企业和用户之间未能形成有效的协同治理机制。各个城市共享(电)单车入驻时间不同,政府管理经验、管理力度不同,尤其是制度机制缺失和监管能力不配套的城市,仍然存在企业无序竞争、过度投放及运维能力不配套的情况,造成共享(电)单车乱停放、挤占盲道、挤占道路公共资源等现象依然存在,导致按行业整体服务质量不佳。以上问题的解决亟待加快经验推广,强化政企协同合作治理方法,大力提升电子围栏、高精度定点停放、网格化管理等精益管理技术的应用和推广。

(3) 行业数据资源统计难度大,整体发展情形难说明。

各个企业之间存在一定竞争关系,并且城市投放量受地方政府管制约束,实际投放量、订单量、服务人员数量、事故量等数据均难以直接获取,为统计行业整体发展情况带来较大难度。同时,政府及企业难以对共享(电)单车的用户行为实行有效监管。部分用户缺乏信用意识与共享意识,存在肆意破坏、私自占用、乱停乱放等行为,阻碍了共享出行行业的健康发展和共享社会的构建。针对这种情况,企业难以构建统一的用户信用体系来防范用户失信行为。

4.3.2 行业发展政策建议

根据《交通强国建设纲要》要求,要"打造一流设施、一流技术、一流管理、一流服务,建成人民满意、保障有力、世界前列的交通强国",共享(电)单车行业需要多措并举推动其又好又快发展,为深化各城市对互联网租赁自行车工作的管理,建议进一步完善法规政策、健全治理机制,多元主体共治,实现政府、企业和社会共赢,提出如下工作建议。

(1) 解决城市政策依据不足问题。制定全国顶层政策措施,建议交通运输部联合公安部、发改委、工业和信息化部等制定全国性的互联网租赁自行车行业管理指导意见,使各个城市在(电)单车发展上有据可依,形成全国行业齐头并进。

(2) 解决行业政策与发展不匹配的问题。由交通运输部牵头,联合国家发展和改革委员会等10部门,对《关于鼓励和规范互联网租赁自行车发展的指导意见》(交运发[2017]109号)进行评估,根据共享出行发展的新形势与新需求,对政策文件进行修订完善。或者,由交通运输部牵头联合国家发展和改革委员会等10部门出台《关于进一步促进互联网租赁自行车行业健康发展有关建议的通知》,围绕鼓励规范发展、共享(电)单车政策、投放总量控制、优化资源配置、强化监管、规范地方部门事权等内容制定关键政策,指导地方实施属地化管理。

(3) 解决共享(电)单车服务属性不明朗的问题。目前,各地在执行贯彻中没有突出其重要地位,定位模糊考核模糊。建议明确将共享(电)单车准公共服务属性和绿色出行属性的定位,将共享(电)单车纳入城市公共交通体系、将共享(电)单车出行分担率纳入城市公共交通分担率与绿色出行分担率中。城市人民政府要根据《绿色出行行动计划(2019—2022年)》要求,结合城市互联网租赁自行车发展的需要,做好"十四五"慢行交通系统总体规划编制,完善城市慢行交通网络和停放设施。

(4)解决部分城市管理经验不足的问题。指导各个城市因城施策,建议出台城市(电)单车科学发展的一揽子政策规划,服务共享(电)单车发展。形成一套相对科学完整的行业发展政策体系,在鼓励当地政府借鉴使用的基础上,充分发挥自主权和创造性,因地制宜探索符合本地实际的互联网租赁自行车发展模式,从共享(电)单车发展意见、发展规划、管理办法、考核方案等方面,建立健全长效、体系化的支持政策和保障制度。建议借鉴南宁城市发展经验,进行全面推广。

(5)充分发挥行业协会力量,积极推广监管平台建设。提高共享(电)单车有序化管理水平是提升共享(电)单车利用效率的基础和关键,为加强科技监管能力,以信息化技术加强车辆秩序管理,促进执法人员与运维人员信息共享和业务协同,协会将宣传南宁、成都、唐山等地共享(电)单车平台管理经验,积极推广监管平台建设,构建高效治理体系,为政府提供监管服务。同时,建议交通运输部委托中国交通运输协会做好行业数据统计事项,做好基础数据采集工作。

(6)规范行政执法流程,让共享(电)单车企业有法可依、违法必究。全国、上级部门、社会的全局监督,让好的企业有发展,差的企业能淘汰。对企业投入共享(电)单车合规数量、服务质量考核和线下行政执法行为有效监管成为行业治理成败的关键。一方面,要加大监管力度,实施违规投放车辆"零容忍"的政策,实施信用黑名单管理。对城市共享(电)单车实施网格化管理,利用随机扫码监管企业非法投放车辆,一旦发现列入信用黑名单管理。另一方面,进一步明确城管、交警、交通等部门线下执法的流程、标准和处罚依据,对共享(电)单车线下秩序管理的行政执法行为进行有效监督,增强行政执法信息公开透明。

(7)建议各城市参照部级联席会议,建立"共商共建共治共享"的治理体系。政府加强监管,行业强化自律,企业有效履行管理主体责任。新业态非单一部门管理,应由多个部门一起协商。一方面,建议各地方政府牵头统筹做好行业发展、加强行业监管工作,完善政府监管、企业自律、公众参与、社会监督的治理体制,健全行业管理体系。另一方面,各企业间要加强自律共治,建立共识协商机制,合规合法运营,杜绝恶意竞争,共同维护行业健康发展良好秩序环境。

第5章 共享停车行业发展分析

我国正处在城镇化和机动化的快速发展阶段,机动车保有量快速增长。公安部统计数据显示,截至2021年底,全国机动车保有量达3.95亿辆,同比增长6.32%。其中,汽车保有量达3.02亿,占机动车保有量的76.46%。全国有79个城市的汽车保有量超过百万辆,同比增加9个城市,35个城市超200万辆,20个城市超300万辆,其中,北京、成都、重庆超过500万辆,苏州、上海、郑州、西安超过400万辆,武汉、深圳、东莞、天津、杭州、青岛、广州、宁波、佛山、石家庄、临沂、济南、长沙13个城市超过300万辆。机动车保有量的快速增加,在成就千亿级城市停车消费市场的同时,也导致停车难问题日益突出。据国家信息中心统计,2020年,网民关于停车问题的留言数量相较2018年增长约2.5倍,所反映问题集中在"停车难""停车贵""乱停车"等方面,城市停车已经成为制约人民群众追求美好生活的重要领域。

5.1 城市停车行业发展特点与问题

为更好地统筹各方力量、加快破解停车难题,2015年8月,国家发展和改革委员会联合财政部、国土资源部、住房和城乡建设部、交通运输部、公安部、银监会共同印发了《关于加强城市停车设施建设的指导意见》(发改基础[2015]1788号,以下简称《指导意见》),大力推动停车产业化。《指导意见》发布后,得到相关部委和地方政府的高度重视与积极推动,各部门、各地停车政策密集出台,从中央到地方、从规划建设到管理运营的政策体系迅速完善,投资环境不断改善,很多部门、很多城市做了很多有利的探索,城市停车产业化从多点散发到全面突破的新局面蓄势待发。

5.1.1 政府重视停车问题,国资企业加速入局

随着城市停车从存量管理阶段、增量建设阶段进入综合治理阶段,城市停车平台公司应运而生。站在城市大交通的视角,一个城市需要解决的是交通出行问题,如何处理动态交通与静态交通的关系,如何处理存量车位盘活与增量车位建设的关系,如何统筹城市交通资源缓解交通拥堵,如何推动绿色出行等低碳环保方式,成为城市管理者面临的新课题。这个阶段,成立国资主导的城市停车平台公司就水到渠成了。加上道路停车这样的公共资源交付给国资企业,能够避免国有资产流失,同时,停车大数据的公共安全需求,也是国资主导城市停车平台的重要原因。因此,地方政府主导成立国资系统的城市停车平台公司,负责城市停车平台建设,就成为主流趋势。北京、上海、成都、杭州、济南、山西等地纷纷成立城市停车平台公司,分别是北京静态交通投资运营有限公司、上海畅停信息科技有限公司、成都交投智慧停车产业发展有限公司、杭州市停车产业股份有限公司、济南城市静态交通管理运营集团有限公司、山西静态交通建设运营有限公司。

5.1.2 停车行业数字化、智慧化转型取得显著成效

5.1.2.1 国家政策支持推动行业智慧化发展

继2019年立体停车建设推进之后,车辆停放时空信息数据资源成为城市政府、行业企业关注的热点,停车行业智慧化与数据化加速。城市停车是城市机动车交通出行的末端环节,城市停车管理政策是行业发展的基本脉络。2020—2021年国家层面停车相关政策见表5-1。

2020—2021年国家层面停车相关政策　　　　　　表5-1

发布时间	发布部门	政策名称	政策要点
2020年1月	交通运输部	《2020年交通运输更贴近民生实事》	在全国范围内选择具备条件的10个以上城市,开展ETC智慧停车试点,在机场、商场、火车站、居民小区等地的停车场推广应用ETC,提升智慧停车服务能力
2020年7月	国家发展和改革委员会	《关于做好县城城镇化公共停车场和公路客运站补短板强弱项工作的通知》	强化停车和客运资源信息化管理水平,加强县域范围公共停车场和公路客运服务资源摸底调查,建立数据库。利用智慧平台提升服务供给保障,加快县域智慧出行、智慧停车等相关信息平台建设,推进公共停车资源在夜间、节假日期间错时共享,根据旅客需求灵活设置出行线路丰富服务体系,提高资源利用效率,完善全程出行链
2020年7月	工业和信息化部	《工业互联网创新发展行动计划(2021—2023)》	培育批系统集成解决方案供应商,拓展智慧城市等领域规模化应用。打造跨产业数据枢纽与服务平台,形成产融合作、智慧城市融通生态
2020年12月	交通运输部	《关于开展ETC智慧停车城市建设试点工作的通知》	加快拓展ETC服务功能,推动ETC停车场景应用,选定北京等27个城市作为试点城市、江苏省作为省级示范区先期开展ETC智慧停车试点工作
2021年5月	国务院	《关于推动城市停车设施发展的意见》	2025年,全国大中小城市基本建成配建停车设施为主、路外公共停车设施为辅、路内停车为补充的城市停车系统,社会资本广泛参与,信息技术与停车产业深度融合

停车智慧化发展能够实现停车位资源的实时更新、查询、预订与导航服务一体化,实现停车位资源利用率的最大化、停车场利润的最大化和车主停车服务的最优化。停车智慧化发展也是我国城市停车政策的引导发展方向,从我国国民经济"十五"计划至"十四五"规划,国家对停车行业发展一以贯之的是,促进停车行业从"加快智能型交通的发展"到"加快交通等传统基础设施数字化改造"的变化。自2012年以来,国务院以及国家发展和改革委员会、住房和城乡建设部等陆续印发了支持、规范智慧停车行业的发展政策,内容涉及加强智慧停车技术研究、推进新兴技术在停车领域的应用、建设智慧城市等。

2019年7月,交通运输部印发《数字交通发展规划纲要》,推进数字经济发展的决策部署,促进先进信息技术与交通运输深度融合,目标是到2025年,交通运输基础设施和运载装备全要素、全周期的数字化升级迈出新步伐,数字化采集体系和网络化传输体系基本形成。

第5章 共享停车行业发展分析

其中,智慧停车等城市出行服务新业态受到广泛的鼓励和支持。《数字交通发展规划纲要》政策解读见表5-2。

《数字交通发展规划纲要》政策解读 表5-2

方　向	内　容
发展目标	到2025年,交通运输基础设施和运载装备全要素、全周期的数字化升级迈出新步伐,数字化采集体系和网络化传输体系基本形成。交通运输大数据应用水平大幅提升,出行信息服务全程覆盖,行业治理和公共服务能力显著提升。交通与汽车、电子、软件、通信、互联网服务等产业深度融合,新业态和新技术应用水平保持世界先进
	到2035年,交通基础设施完成全要素、全周期数字化,天地一体的交通控制网基本形成,按需获取的即时出行服务广泛应用。我国成为数字交通领域国际标准的主要制订者或参与者,数字交通产业整体竞争能力全球领先
推动交通基础设施全要素、全周期数字化	构建覆盖全国的高精度交通地理信息平台,完善交通工程等要素信息,实现对物理设施的三维数字化呈现,实现基础设施全生命周期健康性能监测,推广应用基于物联网的工程质量控制技术
打造数字化出行助手	促进交通、旅游等各类信息充分开放共享,融合发展,鼓励平台型企业深化多源数据融合,整合线上和线下资源,推动"互联网+"便捷交通发展,鼓励和规范发展智能停车等城市出行服务新业态
培育产业生态体系	聚焦基础设施和载运工具数字化的关键环节与核心技术,鼓励优势企业整合电子、软件、通信、卫星、装备制造、信息服务等领域资源,构建强强联合、优势互补、高效适配的协同创新体系

2021年5月,国务院办公厅转发国家发展和改革委员会等部门《关于推动城市停车设施发展意见的通知》,鼓励电子不停车快捷收费系统在停车设施应用、统筹推进路内停车和停车设施收费电子化建设。加快应用大数据、物联网、第五代移动通信(5G)、"互联网+"等新技术新模式,开发移动终端智能化停车服务应用。《关于推动城市停车设施发展意见的通知》政策解读见表5-3。

《关于推动城市停车设施发展意见的通知》政策解读 表5-3

方　向	重点内容
推进停车设施规划建设	加强规划引导、有效保障基本停车需求、合理满足出行停车需求、加强停车换乘衔接
加快停车设施提质增效	支持停车装备制造企业强化自主创新,加强机械式停车装备等研发,打造自主品牌;鼓励电子不停车快捷收费系统在停车设施应用;统筹推进路内停车和停车设施收费电子化建设
	根据各地实际情况完善和更新停车数据信息,最大限度地开放停车数据促进停车信息共享;支持有条件的地区推进停车信息管理平台与城市信息模型(CDM)基础平台深度融合
	加快应用大数据、物联网、第五代移动通信(5G)、"互联网+"等新技术新模式,开发移动终端智能化停车服务应用,实现信息查询、车位预约、电子支付等服务功能集成,推动停车资源共享和供需快速匹配
	鼓励停车资源共享,充分挖掘既有资源潜力,提高停车设施利用效率,探索通过网络化智能化手段实现车位共享、提高使用效率

根据智慧停车相关政策规划,到2025年,全国大中小城市基本建成配建停车设施为主、路

外公共停车设施为辅、路内停车为补充的城市停车系统。社会资本广泛参与,信息技术与停车产业深度融合,停车资源高效利用,城市停车规范有序,依法治理、社会共治局面基本形成,居住社区、医院、学校、交通枢纽等重点区域停车需求基本得到满足。到2035年,布局合理、供给充足、智能高效、便捷可及的城市停车系统全面建成,为现代城市发展提供有力支撑。

5.1.2.2 各地智慧停车政策加速落地

各省份均在"十三五""十四五"时期发布了推动智慧停车建设的支持性政策,如江苏省《关于加快新型信息基础设施建设扩大信息消费的若干政策措施》中提到要实现信息查询、出行规划、智能诱导、智慧停车等个性化服务;浙江省在《浙江省综合交通产业发展规划》中提到要构建网络化共享停车系统,积极推广共享停车新模式,培育形成智慧交通等一批新业态,浙江省"十四五"规划中也提到要加强智慧停车等现代化交通设施建设。各地的智慧停车建设加速推进。

"十四五"期间,我国部分省(直辖市)也提出了智慧停车行业的发展目标,见表5-4。其中,北京市推动实施停车设施补短板、智能交通能力建设等工程;安徽省推广人脸识别、智能车库等智慧物业应用;浙江省加强智慧停车等现代化交通设施建设;江西省统筹推进智能停车等社区生活服务设施建设等。

"十四五"期间我国各省份智慧停车发展目标　　　　　表5-4

地区	主要内容
北京	推动实施停车设施补短板、智能交通能力建设等工程
江苏	补齐停车等公共基础设施和功能配套短板,发挥物联网赋能智慧交通功能,加快智能终端推广应用
上海	促进停车产业化和智慧停车融合发展,引导一批行业领先企业落地实践先进技术
安徽	推广人脸识别、智能车库等智慧物业应用
浙江	加强智慧停车等现代化交通设施建设
江西	统筹推进智能停车等现代化交通设施建设
福建	加强城市"神经元"感知系统建设,提供城镇交通等智慧应用服务
四川	促进公共服务数字化便捷化,建立健全适应数字化公共服务供给体制机制
云南	实施智慧停车试点项目,加快推进智慧停车云平台建设
广东	推进智能停车引导、智慧立体停车等智慧治堵措施广泛应用

5.1.3 城市停车治理水平不断提高

由于停车场形式多样,停车管理公司数量繁多,停车经营企业一直呈现为数量多、规模小、不统一的特点。随着社会智慧化发展,行业出现大量兼并的现象,以北京市为例,2020年北京市经营性公共停车场共计2579个,较2019年减少了2823个,同比减少52.3%。经营性停车场数量的减少,在停车管理规模化、规范化方向起到正向效用。

5.1.3.1 我国停车行业发展过程

整体来讲,我国停车行业发展大致分为以下四个阶段。

(1)人工秩序管理阶段(20世纪80年代)。

改革开放之后,我国城市社会经济得到了迅速发展,家庭购车能力显著提升,由此,机动车逐步进入普通百姓家,居住、社区公共场所机动车进出管理需求出现。但本阶段我国机动车管理设施的电子化水平较低,以人工管理为主。

(2)人工收费管理阶段(20世纪90年代—2008年)。

随着城市的发展,城市用地逐渐出现紧张情况,交通拥堵也随之增加,以静制动的交通管理理念逐渐进入政府视野。关键区域的停车收费工作得到重视,关键建筑物出入口停车管理开始实施。这个阶段的停车管理需求仅限于出入口的控制及收费;产品形式以机械设备为主,包括通道闸、出票机、出卡机等;出入口控制设备的自动化水平处于较低水平,收费仍以人工方式为主。

(3)电子化管理初级阶段(2009—2019年)。

随着汽车保有量的增加,原有的停车出入口控制已经不能满足日常的管理需求。出入口设备逐渐向电子化发展,出现电子化管理设备,例如不停车收费(Electronic Toll Collection,ETC)、非接触式IC卡、射频识别(RFID)卡、蓝牙远距离读卡、车牌识别、城市停车引导系统、停车场内车位引导、反向寻车系统等,电子化的停车处理设备进入更新换代的快速发展阶段。

(4)智能管理阶段(2019年以后)。

目前,随着云计算、移动互联网的发展,停车管理行业不仅继续向高端化和无人化发展,全视频快速通行、无人值守的停车管理系统加速投放市场,而且,在停车资源的大数据联网也形成了清晰的发展趋势。未来,基于云端+移动端的停车应用将迅速普及开来,基于停车大数据的运营也将成为停车管理行业的重要发展方向。

5.1.3.2 城市停车治理工作进入新阶段

2020—2021年是停车行业变化较大的年份,主要体现在城市治理进入"停车年",停车治理效能大幅度提升;技术积淀企业积极入局停车市场,为停车行业发展带来新活力。

(1)城市治理停车年,停车治理效能大幅度提升。

为响应国家"我为群众办实事的号召",2021年5月,公安部推出12项交通管理改革措施,其中一项为"缓解城镇老旧小区居民'停车难'问题",涉及道路资源使用的改革措施,具体为"在城镇老旧小区周边选择具备条件的支路划定允许夜间、周末、法定假期停车路段,明确停车时间和停放要求,设置相应的交通标志标线,允许车辆临时停放",极大鼓舞城市政府交通管理部门推进路侧停车改革的积极性,城市路侧停车收费全面铺开。以北京市为例,将路侧停车电子收费制度由试点运行拓展至全方位推进。该制度的实施推行,在一定程度上解决了长久无人管制的占用道路现象,同时,结合居民停车认证制度,有效缓解居住区居民停车难的问题,在社会效益方面作用显著。经整理,北京市及其他各地区近两年路侧停车收费应用及推广相关新闻报道见表5-5、表5-6。

北京市路侧停车收费部分相关新闻报道 表5-5

时 间 点	地 区	主要实施内容
2018年1月3日起	城六区和通州区	共计37条路段4086个路侧停车位实行路侧停车电子收费建设完成试点并上线运行
2019年1月1日零时起	东城区、西城区和通州区	率先实施道路停车改革,165条道路、1.3万余个白实线道路停车位全部实现电子收费,纳入非税收入管理

续上表

时 间 点	地 区	主要实施内容
截至2019年5月13日	通州区	实现已建成2300个路侧停车泊位电子收费平稳运营
2019年3月15日起	延庆城区	妫水南街、妫水北街、东街、东顺城街、湖北西路5条道路路侧试点停车收费
2019年12月1日起	全市16个区和北京经济技术开发区	共计在552条道路施划了6万余个电子收费道路停车位
2020年7月9日起	东城区	新增24条道路停车电子收费区域,覆盖1971个停车位,以高位视频设备为主,进一步将路侧停车电子收费扩展至二环外整个东城辖区
截至2020年7月29日	十六个区和北京经济技术开发区	共在648条道路上施划了6.5万个道路停车电子收费车位,并纳入政府非税收入管理,收入全额上缴区级财政。其中,城六区和通州区共有540条道路、5万个道路车位实行电子收费
截至2020年	丰台区	88条路5786个停车位已经陆续启动路侧停车电子收费,同时还有551个点位能够抓拍违停行为,让路侧停车管理更加规范
2021年11月	门头沟区	城市管理委推进门头沟区路侧停车电子收费二期改革工作计划,电子收费区域共涉及31条道路1795个停车泊位,全部使用高位视频电子收费设备,且设备具备机动车违停抓拍功能
截至2021年12月底	北京市	北京道路停车改革将满三年,目前全市共有1031条道路、8.99万个车位实现电子收费
2022年1月1日起	顺义区	第三批路侧停车电子收费开始实施,共计11条城市道路、1464个停车位

京外其他地区路侧停车收费部分相关新闻汇总　　　　　表5-6

时 间 点	地 区	主要实施内容
2020年起	安徽省安庆城区	分布于城区42条道路共3790个路边停车位实施了收费管理
2020年11月1日起	广东省江门市	新会"智慧停车"引导系统对城区首批86个路边停车泊位启动收费模式
2020年12月起	湖北省荆州市	纳入道路停车管理的车位地面有6位数编码,试点期投入347个,正在实施1期1932个
2021年2月24日起	山东省潍坊市	桐荫街(北海路-金马路)路侧227个停车泊位进行收费管理
2021年3月底前	河南省郑州市	智慧停车平台将正式上线,覆盖2万个道路停车泊位实现无感支付
2021年3月1日起	安徽省蚌埠市	万达、银泰周边三条道路212个路边泊位开始收费开始,拉开了蚌埠市路内停车收费管理的序幕
2021年3月15日起	广东省惠州市	对惠城中心区道路临时泊位机动车停放服务实施收费政策涉及区域共计186条路段、9837个道路临时泊位

续上表

时 间 点	地 区	主要实施内容
2021年4月起	广东省佛山市	南城区桂城街道一环以西路内的50条道路共2147个停车位实施收费
2021年10月起	福建省福州市	平潭县对城区五个路段600个停车泊位启动路侧停车收费
截至2021年12月	安徽省蚌埠市	已分批次对全市35条路段5324个泊位进行收费运营管理,运营管理的路段泊位主要分布于医院、商圈、学校、政府单位周边

2019年1月起,北京市东城区启用城管委建设的792套高位视频停车收费设备,全覆盖共计24千米的46条大街4000余个路侧停车位,自动停车计费取代人工收费模式。

自北京市实施路侧停车收费以来,交通秩序一直存在问题,停车位外乱停乱放现象屡禁不止,交管人工监管以及违章监控电子设备管理效果不佳。针对此现象,北京市对现有的设备进行赋能,既满足停车位内自动收费,又能满足停车位外监管的作用,还实现了动态核录,弥补了非机动车道卡口监控设备的缺失,是最高效的技术管理措施。

在总体架构上,采用端、边、云协同的人工智能计算方案,通过多级图像处理,实现停车位外违停车辆高精度抓拍手段,尤其在多车遮挡情况也能保证精准性。采用场景化定制训练模型的方案算法,对算法模型进行小型化裁剪和场景定制化优化,实现边缘端实时高准确度计算。通过云端高强度、高独立复核运算,提高数据准确率。

在技术路线上,通过多重识别算法和数据交叉校验算法,分析、过滤、清洗无效数据,自动化分拣高置信度数据,极大地提升数据有效率和数据处理效率。同时,实现了高位视频管理设备兼顾"微卡口"的功能,在车辆驶入停车位和驶离停车位时,自动采集过车数据,自动"动态核录",及时发现假牌、套牌等问题车辆并进行预警,为精准研判"问题车辆"提供技术支持。

在数据分析上,利用车辆出现的时空信息大数据,分析车辆违法违规的时空分布,指导日常的警力调配和重点车辆查处等,提高出警效率同时,掌握辖区内车辆分类变化趋势,有针对性地制定管理策略,有效遏制各类交通乱象。

在数据融合上,结合正常与违法的停车数据,分析违规行为如违法停车、"僵尸车"长时停放车辆、恶意违法等事件,以便分类、分区化管理,为指导人员调度并有效及时疏导秩序提供技术支持。

(2)城市级停车管理系统得到重视。

2019年前后,ETCP、深圳泊链科技、无忧停车、宜停车、海康威视、丁丁停车、停车宝等一批智慧停车企业跑马圈地、细分行业,竞争十分激烈。此前的智能停车行业智能技术组建模式如图5-1所示。

从功能模块角度划分,组建模式主要包括10个模块,分别是GIS地图应用模块、停车场运营硬件模块、停车运营软件平台、外部接入与输出模块、互通互联服务模块、手机应用模块、数据分析模块、路径诱导模块、呼叫服务中心和应急指挥模块,总体结构可以分为数据层、支撑层、应用层三层,如图5-2所示。其中,数据层存储数据,主要进行数据的管理;支撑层为中间件、基础构件和高级构件,为应用层提供服务和支撑;应用层为系统的各种应用软件,分别完成具体的功能。

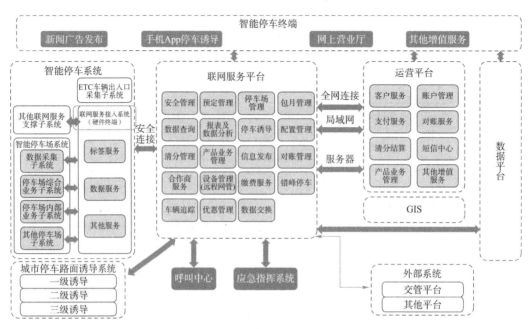

图 5-1　智能停车行业智能技术组建模式图

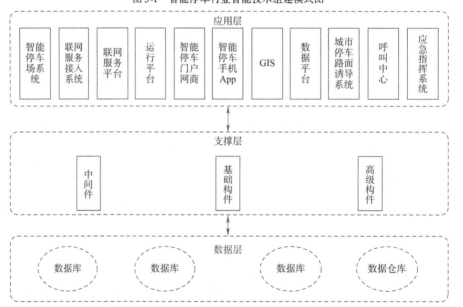

图 5-2　系统功能模块图

对于停车行业,企业成本费用包括车场运维费用、人员费用、设备费用等,但是企业收入一般是停车服务缴费事项。但是经过以往实践证明,停车企业如果想获得长足发展,单单立足自身技术手段、资本优势是难以保证的,其源于停车系统与城市治理、城市发展、民众认知有着极其密切的联系,只有城市停车系统获得一个良性发展机制,才能有停车企业的稳定发展。

城市停车问题与城市基础设施建设息息相关,未来长期发展过程中仍然需要政府作为主要牵头主体,逐步推进市场化运作。以全面城市停车交通管理平台建设促进停车产业化集群发展,需要在政府扶持的基础上,构建系统化配套政策,改善停车投融资环境,并以停车市场需求为主体,强化市场运作机制,积极调动民间资本竞争盈利再生特性。同时,停车行业建设需要巨量的投资,必须吸引社会资本进入。以优良的政策环境、良好的市场机制,增加社会资本的信心和进入决定,并以前期国资投入带动整体社会资本的公开竞争。

另外,更加需要全产业链运作,统筹综合发展。以停车问题解决为基本出发点,统筹停车产业化模式、统筹停车行业技术,全产业链多维运作,提升我国停车行业整体水平,并结合大数据发展趋势,以物联网技术、深度学习技术等为支撑,全方位建设政府监管信息平台,构建停车数据一体化信息平台,全方位监管停车行业发展及企业运维水平,提升停车行业的需求预测、规划方案、业务管理等精细化水准。

当前,智能停车技术已经相对成熟,包括车辆导航、车牌识别、地磁感应等优秀信息电子技术。然而,如果仅仅限于停车运营层面的发展,对于合理解决整体城市停车问题效果有限。由此行业提出,未来城市停车智能技术应该向着城市级管理、运营以及执法、规划等一体化环节发展构想。

众多企业按照"政府扶持、平台统筹、企业运营、民众参与"思路设计全面静态交通智能系统,以期望通过平台的智能、规范、高效运作,加快我国城市停车产业化发展,为政府提供监管参考,为市民解决停车难题问题,有效缓解交通拥堵,更好地服务于城市交通建设和管理。全面静态交通管理平台总体架构如图5-3所示。

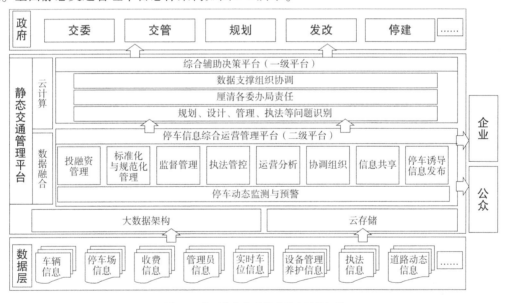

图5-3 全面静态交通管理平台总体架构

全面静态交通管理平台分为两级,一级平台为政府提供数据和咨询的综合辅助决策平台,二级平台为拉动产业发展实现行业全面管理的停车信息综合运营管理平台。平台通过完备的投融资手段、先进的停车成套技术及标准化的管理模式,实现城市停车场的智能化升级,提升政府对停车行业全时空动态掌控能力,拉动停车产业快速发展,缓解市民停车难问题,为实现智慧城市停车建设奠定基础。

①综合辅助决策平台(一级平台):面向城市停车系统及停车行业发展,为政府提供停车系统及行业发展基本信息,辅助政府制定静态系统发展决策。由政府领衔组建,通过动态收

集分析静态交通系统规划、建设、运营和管理的相关数据,为政府实现其决策管理职能(如政策决策、发展考评、综合协调等)提供可视化的数据支撑和辅助决策技术支持。

a. 静态交通系统政策研究。统一全市停车资源,梳理城市停车资源总量,明确发展基点,为城市停车系统综合及专项规划提供基本依据;结合城市人口、经济及机动车保有量、城市用地等数据,明晰城市及区域停车供需,辅助制定停车管理、执法政策;把控区域停车发展特征,统筹地区动静态交通发展态势,为制定停车发展差异化、收费差异化、智能化发展、区域缓堵等政策提供参考依据;综合停车产业发展历程,辅助建设城市停车行业发展管理政策。利用二级平台的监测信息等,及时反馈城市停车系统及行业规划、建设、管理、运维等信息,及时调整优化停车系统发展战略、停车建设实施、停车行业发展建设、企业准入机制等具体事项,衡量静态交通系统发展计划完成情况,纠正计划执行中的偏差。

b. 静态交通系统发展考评。统筹城市静态交通系统建设、运营数据及城市动态交通出行数据,辅助政府完成相关职能部门及运营企业在城市静态交通系统发展过程中的工作绩效考核,监督静态交通系统发展效果,切实推进静态交通事业发展。

c. 静态交通系统工作协调。整合停车系统及行业建设、管理发展动态信息,以发展任务和目标为导向,量化反演工作责任落实瓶颈,及时反馈具体形势及问题,协助政府厘清工作责任,协调组织相关委办单位顺利推进。

②停车信息综合运营管理平台(二级平台):面向城市停车系统及停车行业运营,整合全行业规划、建设、运营和管理信息,为一级平台提供停车行业的规划和建设数据,监测停车运营和管理实时数据,实施停车系统及产业的评估;制定技术规范,构建投融资渠道,协调组织停车企业良性发展。

a. 静态交通全局监测服务。整合城市停车场(库)、停车收费、停车行为特征、车位利用、停车执法、相关道路交通流及运营企业等信息,形成城市静态交通系统综合监测系统,掌握翔实的第一手数据资源。

b. 停车行业准入管理。构建停车行业运营准入机制,监督管理停车企业运营,保证停车企业服务质量。

c. 停车行业标准化服务。面向停车行业建设、设计、施工、管理及运营,构建标准化发展体系,规范停车行业有序发展。

d. 停车系统及产业发展实效评估。对停车系统效能、停车产业化发展、停车企业服务等开展实施效果评估。

e. 停车产业投融资服务。针对政府财政压力大,投资成本回收和收益有限,运营水平低等问题,面向产业通过建设—拥有—经营模式、改建—运营—拥有模式及产业投资基金等方式实现多元投融资管理减轻政府财政压力。

f. 停车企业业务数据支撑服务。以数据监测系统为基础,面向停车企业提供业务发展数据支撑,辅助企业实现其业务增值。

③平台与政府关系:平台为政府提供完备的静态交通系统动态监管、信息化决策服务,解决政府在静态交通系统中规划决策、建设施工、组织管理及效果反馈等方面的问题。同时,通过引入社会资本,减轻政府财政负担。政府为平台建立提供相应配套政策。

平台通过规模化、有序的停车管理运营,将为政府呈现实时监控信息,以大数据分析及服务的方式为政府开展智能监控、指挥调度、应急联动、有效监管提供信息支持,具体的运营模式如图 5-4 所示。

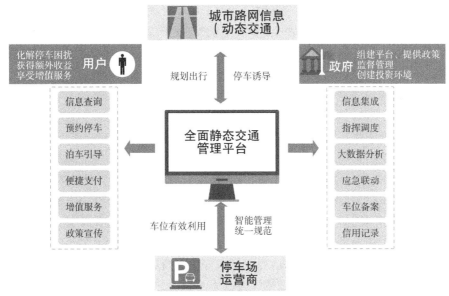

图 5-4　全面静态交通管理平台运营模式图

④平台与企业关系:平台为企业提供融资渠道,资金、数据、技术、运营管理的支持。企业通过借助平台的资金、数据等资源实现企业在停车领域快速增值发展。

a)引入类别管理。建立政策引导、利益共享的机制,将停车位公共资源纳入平台监管,专属资源进行商业化开发。平台将建立统一类别的划分标准,根据停车场所在区位、性质、用途等划分停车场类别,实现在配建指标、资源配置、停车价格等方面的差异化管理。

b)开展信息集成,加强互联互通、错时共享。促进咪表停车系统、智能停车诱导系统、自动识别车牌系统等高新技术的开发与应用;加强不同停车管理信息系统的互联互通、信息共享。

c)线上供需匹配。供给方面,对于公益性或非固定停车位,可由停车场运营商提供车位供给。此外,也可开放私家车位端口,实现私家车位闲时分享,获得额外收益;需求方面,用户线上下单发布标准化停车需求,平台根据用户的停车需求予以匹配。

d)远程监控,云端计费。通过地磁感应系统等技术采集泊位信息将泊车位信息远程传送到平台,平台对辖区泊位进行监控稽查。多种电子支付渠道快速支付,实现不停车自动支付,节省取卡、现金付费及找零时间,降低相应的人工成本,减少停车费的"跑冒滴漏"。

e)形成信用记录。考虑将平台与信用管理系统、交通违章系统相连接,违规停车、超时停车等不良用户行为不仅需支付违章费用,还将对信用记录造成影响,从而加大约束力度,切实规范用户的停车行为。

在盈利模式上,通过市场化运营、科学化管理积极寻找其他盈利机会,实现投资—建设—运营—盈利的良性循环。

全面静态交通管理平台集成个人用户、停车场用户、政府以及其他关联用户,通过建设智能化、数字化、信息化的管理平台协助用户停车,提高停车场运营管理效率,为政府提供监管支持以及为用户提供其他增值服务。在运营端主要形成以设备服务收入、停车收入分成、增值服务收入、数据分析服务收入、信息服务收入、运营收入为主要来源的收入结构。全面静态交通管理平台在技术端通过平台的整体搭建和推广、平台的功能模块应用、平台研发中的专利技术等形成技术输出创造盈利。对于新建和改造的停车场项目,通过降低融资成本,分享施工利润以及建成后的运营收入实现盈利;通过并购整合、股权投资等多种方式向上游延伸或向下游拓展产业链,并提升产业链整体价值;对于具备较大发展潜力的新兴产业项目,通过投资—培育—退出实现增值,成为智慧停车产业甚至是交通产业新兴业态的孵化器。

(3)城市级停车管理系统实施具有以下优势。

①在政府层面,可以实现整体规划、统一管理。在方案实施后,从顶层规划至末端管理、执法,停车行业均处于相互联动的动态互馈过程。规划有依据,能充分落地、解决实际问题;建设有明确章程,能结合实际需求标准化作业;管理上可以区分重点区域和重点对象,对于明晰权责高效实施十分有用,还可以全方位监管,提高管理效率。全面静态交通管理平台应用信息、通信及计算机等现代化智能技术对北京市停车资源进行整合,构建北京市停车监管平台,对全市停车场属性信息、运营信息、收费信息等进行全方位收集整理,形成全市停车信息库,为政府停车决策提供参考依据、为企业运营提供数据支撑、为百姓出行构建服务基础。信息化智能化水平将得到大幅度提高,对于解决停车难、秩序乱问题十分有益。全面静态交通管理平台依托现代化通信、网络、数据库等技术手段,智能化整体停车资源,收集、处理、发布停车综合信息,将停车行业软硬件资源进行系统融合,服务停车行业各个方向,解决停车难、秩序乱的问题。在全面静态交通管理平台建立以后,将通过静态交通调控交通出行方式的选择和动态交通的有序运行,通过停车产业的发展扩充北京市停车供应总量,逐步缓解车位不足带来的供需矛盾;同时运营企业高品质化服务,多元化经营吸引更多停车用户,减少路面停车,缓解城市交通拥堵,提升城市生活品质。

②在停车产业发展层面,可以解决投资产业投资不足难题,促进停车产业发展。本停车交通整体解决方案是以政府引导、市场化运作为基础原则,赋予了企业更多投资和运营的自主权和选择权,并通过增值体系设计部分解决停车产业盈利不足的问题,有助于提高企业投资的积极性,促进新兴资金进入停车行业,逐步缓解车位不足带来的供需矛盾,既可以通过信息化改造提升经营管理水平,也能规范行业运营标准。

③在停车场用户层面,可以发挥引导作用,提升用户响应,改善用户停车习惯、停车理念,推动建立社会共担、公众参与的机制。全面静态交通管理平台的引导作用将使得人们逐渐做到"停车入位、停车付费、违停受罚",并逐步过渡到"有位购车",营造良好的社会氛围。

5.1.3.3 科技型企业积极入局停车市场,为停车行业发展带来新活力

(1)停车场。

停车场指提供停放车辆的场所,其主要任务是保管停放车辆,收取停车费。传统停车场由车场工作人员、停车场所及简单的基础设备组成,管理方法是全程由车场工作人员以人工记录的方式协助车主完成进出停车场、泊车及计费行为。其特点是人工成本高、出入口拥堵、管理难度大、车位利用率低。因技术受限,其数据系统孤立,不能与其他停车场实现共享。管理困难的同时,车主进行停车、缴费等行为时耗费大量时间。

随着技术的进步,停车智能化的转变有效地解决了传统停车场管理问题,提升车主停车服务体验。

(2)智慧停车。

智慧停车以停车位为基础,结合无线通信、移动终端、GPS 定位、GIS 等技术打造城市停车位的采集、管理、查询、预订及导航服务。智慧停车目的在于帮助车主更便捷地获得周边停车场的空余车位信息及自动缴纳停车费,从而实现停车位资源利用率的最大化和车主停车服务的最优化。

智慧停车核心在于对停车场资源的优化、整合,将各停车场数据实时互联,通过系统统一管理,消除了停车场信息系统的孤立现象,实时发布空余泊位情况,便于车主依据移动终端找寻空余停车位。在不增设停车位的情况下,极大地减小车位的空置率,有效提高车位周转率。

我国智慧停车经历了基础信息化、平台联网化、无人化管理三个发展阶段。截至 2021 年 5 月,智慧停车处于 3.0 发展阶段,停车场实现无人化管理,车主从入库、缴费到出库,一系列操作皆自助完成。

智慧停车的发展包括车位、停车场、城市三个层级。在车位级,视频桩、地磁感应、智能车位锁三大主流技术帮助停车场实现自动计费与车位联网。在停车场级,主要核心应用包括车牌识别、车位管理、不停车收费缩短车辆进出时所耗费的时间。在城市级,多个停车场数据上传至城市云平台形成"一张网",进行集中化管理。最终智慧停车需达到城市级的运营,才能解决停车难、管理难的问题。

(3)城市级智慧停车。

截至 2021 年 5 月,我国政府大力推动城市级智慧停车方案的普及。国家发展和改革委员会 5 月 21 日《关于推动城市停车设施发展意见》文中指出,到 2025 年,全国城市基本建成城市级停车系统。

城市级智慧停车架构包括硬件层、网络层、平台层、运营层和服务层,如图 5-5 所示。整体架构由下至上打通停车场信息孤岛的现象。

图 5-5 城市级智慧停车架构图

①硬件层。硬件层是城市停车系统运行的基础设施,为用户提供停车服务,为平台提供

业务数据。停车场分路内停车和路外停车。路内停车设备采用地磁车检器和收费巡检 PDA 识别泊位状态,准确计算车辆停放时长。路外停车硬件设备包括道闸、控制器监控摄像机等。

②网络层。网络层是物联网的通信基础,借助互联网进行业务数据传输。

③平台层。平台层包括 IOT 平台及云数据中心两部分。IOT 平台将从硬件设备传来的数据进行分析处理后,发送至应用平台辅助完成业务,部署于云平台的停车业务支撑服务涵盖资源接入、数据接入、服务接入、用户接入、停车运营等基础业务服务能力。

④运营层。运营层是城市停车平台的核心业务层,其全面实现停车业务一体化业务能力,整合停车前服务至停车后服务多个环节,实现线上线下全场景闭环功能。

⑤服务层。服务层借助移动互联技术、GPS 定位技术、地图导航技术、图像识别及可视化技术研发相关 App、公众号、运营管理视窗及资源开放接口。

(4)发展趋势。

截至 2021 年 5 月,我国智慧停车行业竞争者主要分停车设备供应商、安防设备供应商和互联网企业三大类型。其中,停车设备供应商掌握较多停车资源,且具备丰富的停车场运营经验,竞争优势较为明显。互联网企业主要以技术输出,通过构建系统、平台、App 软件应用整合停车供与需的关系,技术发展较为成熟,竞争面狭窄。智慧停车行业总体呈零散化、区域化,整体集中度不高,仍在高速发展阶段,现阶段呈现各企业激烈抢占社会资源状态。面对每个智慧停车企业独立管理的竞争态势,政府资金的支持及银行贷款的支撑,头部智慧停车企业以及龙头企业资金雄厚、资源丰富,易于扩大市场份额。同时,头部智慧停车企业亦能通过收购底部企业获得资源,进一步提高行业集中度。

5.1.4 面临的主要问题

(1)以国有资本和政策性资金为主,社会资本尚未有效进入。

当前,各地在推进停车设施建设过程中,主要依托城市建设投资公司为主体,申请专项建设基金和发放停车专项债券,社会投资主体和资本尚未有效进入,没有实现当初政策设想的"发挥政府投资的杠杆撬动作用、社会资本投资主力军作用"。导致这种状况的主要原因是当前还存在政策"最后一公里"问题,社会投资环境尚未完善,地方政府为了尽快推动工作,将建设任务安排到了城市建设投资公司。另外,当前国家层面的政策性引导资金,如专项建设基金和停车专项债券的发放,为了保障资金安全等原因,更多地针对和面向各地城市建设投资企业,社会民间投资主体的信用评级难以达到相应的条件和标准。

(2)违停执法尚未到位,政策"最后一公里"有待加强

许多资本高度关注停车产业,投资环境的改善远远重要于资金的支持引导。在投资环境改善中,严格执法非常关键。当前各城市都存在严重的停车难问题,虽然有巨大的停车需求,但由于执法不到位,乱停车现象严重,对既有的社会停车场有效需求不足,收费价格低,投资效益非常不理想。同时,当前停车产业政策自上而下,许多方面的政策"最后一公里"尚未打通。例如,国家层面的土地分层出让政策已经出台,但多数地方的实施细则尚未出台,仍无法操作;在国土资源部和住房和城乡建设部政策中明确提出停车泊位纳入不动产登记,但对于机械式和构筑物等不同的停车泊位应该进一步明确性质,进行更清晰的分类和界定,

更有利于相关政策的制定；另外，对于所有权或经营权是否可以分割，是否可以转让、抵押或质押等，都需要细化。

(3)项目以公共停车场为主，居住小区停车推进不理想。

《指导意见》中根据停车场的定位，确定建设重点为居住区停车场，主要解决基本停车难问题。从目前各省停车设施建设项目的重点看，主要在于交通枢纽、广场等配套项目，虽然北京、上海等城市已经选择一些老旧社区进行试点示范，但迄今为止，真正成功案例并且可以推广的范式并不多。其主要原因，除了在小区内很难找到合适的用地外，由谁来主导协调、如何组织小区业主对停车设施建设及权益的分配等达成一致，更是一项复杂的工程。

5.1.5 停车行业发展建议

虽然我国城市停车发展取得明显成效，但"停车难、乱停车"尚未有效改观，少数关键瓶颈仍待打通，亟待重点突破。按照"长短结合"的思路，基于当前的薄弱环节，下一步工作重点建议如下。

5.1.5.1 坚定、持续、有策略地推进城市停车严格执法

治理"乱停车"，唯有执法；同时，执法也是实现有效市场需求、提升投资效益的关键核心手段，没有执法，一切都无从谈起。2021年，公安部召开了加强停车治理工作会，发布了相应的政策文件，但要想更加有效，还应该对地方政府建立有效的目标、考核约束机制，同时对执法策略进行必要的指导。

基于当前停车缺口大的现实状况，首先需要在白天对办公区、商业区等进行严格执法，再逐步推进到夜间在居住区执法，要打"持久战"，而不是"运动战"。执法主体方面，需要加强公安交警与城管部门的分工与配合，探索将取证权委托于第三方等方式，以解决执法人力不足问题。同时，还要完善相应的法律法规，实现有法可依，提高惩罚力度，增强执法效果。

5.1.5.2 国家及城市层面

国家层面重点完善土地和产权政策，城市政府打通政策"最后一公里"。

近几年，国家相关部委在规划、建设、管理等不同环节都出台了相应政策，在土地、投融资、价格等重要领域也出台了专项政策，政策体系逐步完善，但仍缺少土地和产权两方面关键性政策。

首先，当前在停车问题最为突出的中心城区，土地资源非常紧张，新建停车设施必须充分利用地上地下空间。但目前土地分层出让的政策尚未出台，利用道路、广场、绿地等地上地下空间建设停车场难以实现，相关土地政策必须尽快有所破解。

其次，作为推进发展的方向，停车产业化没有产权将无从谈起，必须尽快制定停车设施不动产登记细则，确定不同类型停车位产权归属及其分割转让的相关规定。

最近，自然资源部对居住区地下停车泊位产权登记进行征求意见，这是一个好的开始，但应尽快涵盖所有类型的停车泊位。在产权有明确界定的基础上，金融部门应探索基于停车泊位所有权、运营权的抵押、融资租赁等金融政策，以拓展融资渠道，方便交易流转。

另外，在停车收费政策方面，大部分城市已经根据国家政策制定了具体政策，但没有落实到位，定价仍然是政府定价，部分城市路内停车、小区停车等定价过低、没有灵活的调整机制等，需要进一步监督检查，加以指导。同时，应对近几年发放的停车场建设企业专项债和

近期发放的、用于停车场的地方政府专项债执行情况进行监督检查。

在地方城市层面,还存在一些政策不够具体、细致,存在政策"最后一公里"尚未打通问题,如停车场投资建设的流程与相关要求、标准条件等,需要进一步补充完善。

5.1.5.3 将停车纳入老旧小区改造范畴,探索可推广的成功范式

居住区停车场建设,尤其是老旧小区停车设施建设,解决既有车辆基本停车问题是建设重点,但目前真正成功并且可以推广的案例不多。老旧社区停车设施建设,除土地等问题外,更难的问题是业主意见不统一、利益难以协调,既缺少协调主体,也缺少有效的协调机制。即使按照《物业法》规定,业主数量达到一定比例后进行了决策,实际也难以推进执行。当前,国务院同时部署了老旧小区改造的补短板工程,基于停车设施建设的协调工作与安装电梯等完全一致,且是为数不多的可带来收益的项目,建议将其一并纳入该工程,将会在短期内能够有效推动实现。

与此同时,积极推动试点,借助居委会、业主委员会等多方力量,寻找社会利益、集体利益和个人利益最佳结合点,尽快探索出一套行之有效、可复制推广的成功范式。协调主体可由街道办或居委会牵头,部业主委员会比较健全的小区也可充分发挥其作用;协调内容除项目选址、形式以外,更要突出停车收益在投资主体和业主之间、业主相互之间如何共享、分配、平衡等。

5.1.5.4 切实做好普查和规划设计,建设必要的、合适的停车场

摸清底数是做好规划建设和精准管理施策的必要前提。2015 年以来,少数城市做了比较细致的停车普查和可落地的停车规划,但大部分城市尚未开展或做得不够细致到位。近几年,实际建设的停车场也大部分是广场、枢纽配套项目或企事业单位自用停车泊位,大多都是比较容易建设的、会产生更多小汽车交通出行的停车场。

未来,应做好停车场规划,真正建设必要的停车场。同时,停车场设址,要与停车需求相对分散的特点相一致;在建筑形式上,要经济适用,不能追求高大上。

5.1.5.5 加强宣传与经验交流,树立正确观念

当前,绝大多数领导和公众对停车的认识不到位,导致一些政策和举措不合理,或者一些合理的政策和举措公众不理解,包括停车泊位的属性、市场化定价等,必须加大宣传力度,树立正确的观念。

一方面,通过市长之家等机构,采取多种形式,加强对城市领导观念、理念、工作方法的引导。另一方面,通过召开工作交流会等方式,加强地方城市政府在停车资源普查、规划编制、设施建设和运营管理等方面的经验交流。同时,应充分利用微信、微博、抖音等公众更容易接受的媒体形式,在全社会加快形成"停车入位、停车付费、违停受罚"的舆论氛围,尽快树立正确的认识观念,为工作开展奠定良好认识基础。

5.2 城市错时共享停车发展实践

受土地和资金等多方面约束,新建停车设施推进缓慢,难以在短时间内补齐城市停车设施缺口。与此同时,各大城市停车资源尤其是建筑物配建停车资源的闲时空置率较高,若能分时共享,将有效缓解停车难题。

以北京市为例，据北京市交通运输委员会2017年8月发布的停车资源普查报告，北京城六区和新城公共建筑配建车位总量为147万个，但夜间停车总量仅为58万辆，约有90万个车位（约占60%）处于空闲状态，即使按照与邻近居住区共享率达到20%计算，潜力也相当可观。由此，北京市政府推出有偿错时共享停车政策，期望能够协调部分社会停车资源供居住区民众使用。

但社会停车资源建设、运营、管理均存在成本投入的问题，居住区民众对共享停车价格的接受程度直接影响政策实施效能。在实际执行过程中，更多是政府协调企业让利，给予民众一定停车优惠，并促使双方签订共享停车协议，保证政策顺利实施。

5.2.1 数字化、智慧化为共享停车发展创造客观条件

在移动互联网普及之前，停车设施共享主要通过面对面沟通实现，由于获取信息和达成交易的综合成本过高，推动起来较为困难。近年来，随着互联网技术的发展和推广应用，通过智能化信息平台将停车资源和停车需求进行精细化实时匹配成为现实，极大地降低了交易成本，为共享停车的全面推广和快速发展创造了客观条件。

5.2.2 推行错时共享停车政策，成为挖掘居住停车资源的有效方法

2016年9月，上海市颁布《关于促进本市停车资源共享利用的指导意见》，明确指出："停车共享，要求提高停车资源利用效率，挖掘周边公共、专用、道路等各类停车资源，切实优化停车资源配置。"实施的重点放在住宅小区、医院、学校等停车矛盾突出的区域，周边经营性公共停车场（库）原则上应全天开放。主要目的是在最大限度挖潜利用住宅小区、医院、学校等内部停车资源的前提下，充分挖掘各类停车资源，形成"内外联动、错时共享"的停车资源共享利用格局，切实优化停车资源配置，有效缓解重点区域停车供需矛盾，实现停车规范有序。

2018年2月，成都市颁布《关于鼓励和支持停车资源共享利用工作的实施意见》，针对共享停车发展中的痛点，以问题为向导，围绕完善支撑保障、优化市场环境、促进产业发展三个方面的重点任务提出了10条支持共享停车发展的具体政策措施；明确了提升停车设施信息化水平、建设市级公共停车基础信息平台、开展共享停车电子发票试点和推广、建立共享停车行为信用约束机制、推出共享停车保险产品五条政策措施，努力为共享停车发展的创造有利条件。

2018年3月，广州市颁布《广州市停车场条例》，鼓励有条件的机关、企业、事业单位将自用停车场向社会开放，实行错时共享停车。个人可将有权使用的停车位委托给停车场管理者或预约停车服务企业实行错时共享停车。

2018年3月，北京市十五届人大常委会第三次会议表决通过《北京市机动车停车条例》，提出个人或单位可以开展停车位有偿错时共享，停车设施管理单位应当予以支持和配合，并提供便利。其中提到，北京市行政区域内公共建筑的停车设施在具备安全、管理条件的情况下应对外开放，并实行有偿使用，要建立居住停车机制，还将推进停车诱导系统建设等要求。

2019年1月，济南市印发《济南市鼓励公共停车设施建设的若干规定》，提出允许并鼓

励机关事业单位、各类企业的内部停车设施对外开放,盘活存量停车资源,并取得相应效益;推行错时停车,鼓励有条件的居住区与周边商业办公类建筑共享利用停车泊位;条件允许时,鼓励个人利用互联网信息技术,将个人所有停车设施错时、短时出租、出借,并获得相应效益。

2019年3月,沈阳市颁布《沈阳市城市机动车停车条例》,对停车场的共享使用和合理利用停车资源做了明确规定:具备条件的国家机关、企业事业单位、社会团体可以将其机动车专用停车场向社会开放,并可以实行有偿使用。居民住宅区在满足区内居民停车需要的情况下,经业主大会同意并按照物业管理相关规定,物业服务企业可以将配建的专用停车场向社会开放,可以实行有偿使用;可以允许外来访客车辆进入并短时免费停放。

2019年11月,北京市交通运输委员会网站发布《关于推进本市停车设施有偿错时共享的指导意见》。其中指出,北京市行政区域内公共建筑的停车设施在具备安全、管理条件的情况下应对外开放,实行有偿错时共享,优先用于居住停车。居住小区的停车设施在满足本居住小区居民停车需要的情况下,可以向社会开放。同时,住房城乡建设部门对于提供共享停车设施表现突出的物业服务机构予以表扬;对于提供共享停车设施的单位,在服务质量评价中应给予加分。明确通过政府引导、市场运作、企业经营、个人参与推动共享停车,盘活既有停车资源,提高停车设施的使用效率和管理水平,缓解区域停车供需矛盾。

2020年3月,长沙市印发《关于加强长沙市公共停车设施建设若干政策的通知》,鼓励个人、企业、单位等的停车位资源错时共享使用,支持移动终端互联网停车应用的开发与推广,提高停车资源利用效率,减少因寻找停车泊位诱发的交通拥堵。通过科学高效集约用地、简化报建审批程序、加大财政扶持力度、创新投融资模式、规范商业配套建设等,逐步缓解停车难问题。

2021年5月,国务院办公厅正式印发《关于推动城市停车设施发展的意见》,指出"为加快补齐城市停车供给短板,鼓励停车资源共享,支持机关、企事业单位率先向社会开放停车设施,激励商业设施、写字楼等停车设施向社会开放错峰停车资源"。

2021年6月,南宁市颁布《南宁市停车场管理条例》。其中鼓励有条件的国家机关、社会团体、企事业单位向社会开放专用停车场,实行错时共享停车,并鼓励业主、物业服务企业通过互联网信息技术对停车位进行有偿错时出租。

2021年8月,南京市印发并实施《南京市鼓励和促进停车资源共享利用工作实施方案》,按照"行政性接入联网停车资源、机关做表率挖掘停车资源、市场化开拓运营停车资源"的总体思路,构建了"一个平台、一张网、一个App"的全市停车资源共享体系,逐步实现南京停车资源共享的目标任务。

系列政策铺垫给错时共享停车政策实施带来推动作用。利用数据爬虫技术,按照一定的规则自动地抓取互联网信息,以"共享停车"为关键词,应用Python语言进行程序编写,爬取2017年7月至2021年8月期间央视网、大众网、央广网等信息平台的有关报道,共获得61个城市878条网络新闻报道,各季度新闻报道数量变化趋势如图5-6所示。初步分析发现,878条新闻报道存在因相互转载而产生重复数据,对重复性内容进行人工筛选,删除重复报道后得到错时共享停车有效报道386条。可以看出,错时共享停车成为2020—2021年停车行业管理的热点之一。

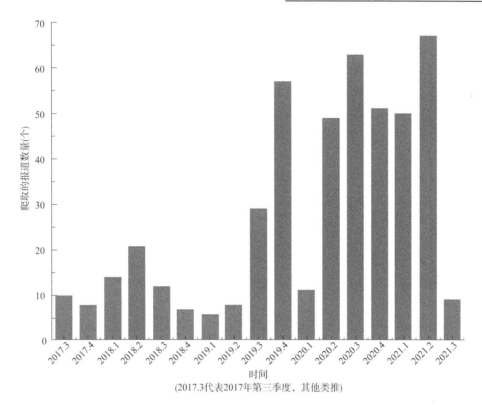

(2017.3代表2017年第三季度，其他类推)

图5-6 各季度共享停车新闻报道数量变化趋势

5.2.3 共享停车技术与实践逐渐成熟

停车资源不足、需求持续增加，尤其是居住区停车供需不匹配，导致争抢车位资源、违法占道停车等乱象，成为城市管理的挑战之一。利用不同业态用地停车资源的使用时间窗口差异性，开展错时共享停车，缓解居住区停车矛盾，成为大中型城市治理停车问题的新方法。

5.2.3.1 国内外共享停车实践方法

（1）美国共享停车经验。

1983年，美国城市土地研究所(ULI)出版《共享式停车场》，书中将共享停车定义为通过使相邻土地使用者共用停车场地以降低每个土地使用者单独拥有停车场所提供的停车泊位总量的手段，并提出了共享停车规划九步骤法则，主要思路是首先确定共享停车实施范围的相关地块，然后对各地块的停车需求总量和时段进行分析，最后制定共享停车设施规划方案。2005年，ULI的学者Mary S. Smith又编制《共享式停车场》第二版，对前版中部分参数比如访客、居民、顾客、雇员单个停车需求率等进行修正，并新增了停车垄断市场调整等内容，确立了新的"九步骤法"，即：

第一步，收集并且整理项目资料；

第二步，选择适当的泊位率；

第三步，根据用地类型选择影响因素和分析方法；

第四步，为泊位需求时段展开各类情况分析；

第五步,调节交通工具选择比例和各种情况下每辆车上的载客数;

第六步,对每种情况应用非垄断调节;

第七步,给每种情况计算泊位需求;

第八步,确定计算结果是否反映了各种地块的关键停车需求时刻;

第九步,提出共享停车规划方案。

共享停车理念出现后,受到美国联邦政府管理部门的高度重视,美国运输工程师协会(ITE)专门为此研究了详细的分析参数。地方政府也积极推动共享停车发展。1997年,美国波特兰市首先发布了《波特兰市区共享停车手册》(Shared Parking Handbook: Shared Parking in the Portland Metropolitan area)专题报告,基于波特兰都市区的停车状况建立了停车泊位共享模型,并融合多方意见提出了共享停车协议范本,这是首次将共享停车的理论应用于实践的成功案例。之后,美国加利福尼亚曼莫斯湖、利弗莫尔等地区也相继编制了类似的共享停车手册。经过20多年发展,共享停车策略在美国拥有了完备的理论体系和实践支撑,从规划建设阶段就开始协调不同单位间停车设施共建共享,较好地提高了停车资源利用效率。

美国共享停车方案是在出行属性混合条件下,以停车资源使用效能最高为目标,地块与地块之间协同优化解决停车问题。该方案提出时间较早,利用数据为长期观测积累的不同用地分时记录的精细化停放数据,对数据精准性和稳定性要求较高。缺乏数据积累或城市仍处于发展变化阶段的地区较难使用该方案。

(2)日本共享停车经验。

日本乐天推出了"Rakupa"停车共享服务,为那些需求停车位的车主和暂时闲置的停车位提供交通互动的平台。拥有停车位的家庭用户可以通过这个平台提供闲置的停车位,而通过Rakupa网站或者移动应用车主在注册Rakupa会员之后能够搜索和预订停车位。使用这项服务能够赚取日本乐天Super Points,可以在乐天集团购物网站进行消费。

较高的收费和处罚标准为车位共享盈利创造环境,车位拥有者提供闲置车位积极性高。以日本东京为例,停车收费标准为白天26~117日元/小时,夜间为8~34日元/小时(日本东京人均收入2.2万日元);违停罚款约为780~1170日元/次。停车共享服务商业化与社会信誉机制相挂钩,车位出让者对车位负责、车位使用者对付费行为负责、信息撮合企业收取抽成费用,相互之间减少了违约风险,商业模型运营较为良好。

(3)上海共享停车分析。

上海市共享停车政策定位为通过政府引导解决住宅小区、医院等重点区域"停车难"矛盾。2016年9月,上海市颁布《关于促进本市停车资源共享利用的指导意见》发布共享停车政策以来,截至2019年共创建了492个停车共享项目,提供约2.24万个共享泊位,共享泊位利用率达到73%(2018年统计数据),已初步形成"盘活存量资源、开展停车共享"的总体共识、良好氛围和积极意愿。该政策主要面向居民错时利用住宅小区周边停车资源长期停放的,具体工作流程如下。

第一,公示共享停车资源。由街镇会同第三方企业对住宅小区周边可供共享利用的停车资源信息予以公示,包括名称、位置、泊位数、允许停放时间、收费价格、相关停放管理规定等。

第二，提交停车共享申请材料。申请人向街镇及第三方企业提交以下申请材料：①申请人在住宅小区居住的房产或租赁房屋的有效证明；②个人有效身份证明（居民户口簿、居民身份证、军人军官证、武警警官证、港澳及台湾居民居留证、护照等）；③机动车驾驶证；④车辆有效身份证明（车主、车牌号、车型等）等材料的原件和复印件及有效联系方式；⑤错时利用周边停车资源的申请书，含意向目标及价格等。街镇及第三方企业应对个人提交的材料承担相应保密责任。

第三，复核申请条件。由街镇会同第三方企业对申请人提交的有关材料按以下要求予以复核：①申请人在所在住宅小区内无停车位；②申请人在所在住宅小区周边未办理过其他共享停车的相关证明。对经复核确认符合条件的申请人，在住宅小区主要出入口处公示至少5个工作日。

第四，签署停车共享协议。对于符合条件的申请人，由街镇会同第三方企业根据相关停车资源供需情况，组织停车资源供给方和申请人进行对接协商，达成一致的，签署三方停车共享协议，明确各方责任和权利，并发放本区统一印制的住宅小区周边共享停放车辆证明。

第五，延续停车共享协议。申请人在原协议期满后需要延续共享停车协议的，应提前一个月向街镇提出申请，经审核通过后可续期共享。

第六，终止停车共享协议。经核实，申请人出现以下情况之一的，有关停车共享协议自行终止：①申请人已在本住宅小区内购买或租用停车位的；②共享停车位有效期已超过规定期限且未申请延续的；③使用共享车位有效期内违反协议相关规定累计达到一定次数的；④发生其他违法违规行为的。

在2016年实施试点初期，整体效果并不理想，存在共享车位利用率低、第三方平台及车位共享企业积极性差的问题。由此，上海市交通运输委员会选择了"杨浦区红房子医院周边区域停车共享项目"作为典型示范项目进行跟踪评估，总结存在停车供需资源统筹不足、信息服务缺失、工作机制单一合力不足等问题，并提出"打破原有一对一的双向合作模式，实现区域内各类停车需求和资源供给的统筹整合"，实行"一对多"和"多对一"的循环服务模式，在更大范围内平衡停车供需关系，争取实现区域内所有停车资源的共享利用、供需匹配；构建市级公共停车信息平台移动终端，实现区域错时共享停车预约工作；积极协调建立了"区政府统筹实施、所在街镇属地落实、其他相关部门共同参与"的工作推进机制，进一步明确任务分工、实施节点，保障项目创建工作有序开展。

与美国、日本方案不同，我国上海市错时共享停车以解决居住区停车问题为目标。政府居中协调，核查居民信息、组织对接供需双方签署开放协议、印制发放共享停放车辆证明；第三方平台搭建错时共享信息服务平台，实时显示错时共享车位资源信息，撮合供需信息；住户经资格审查后，挑选错时共享车位与企业达成停车收费价格（通常为300～500元/月），并与街道、企业签署三方停车共享协议，明确各自责任与权利。

引入第三方企业对接供需双方信息，是培育错时共享市场的关键步骤。但第三方企业并未掌握企业车位资源有效使用数据，难以更进一步发挥供需协调作用。截至2021年，上海的共享停车运营3年多，在该商业模式下，第三方企业无利润点。主要原因为第三方企业的主要盈利点是从居民缴纳的共享停车费用中抽取一定比例，在居民首次与周边单位签订共享停车协议时，第三方可以发挥作用，并收获回报，但在之后居民与周边单位的合作过程中不需要第三方企业,因此,第三方企业盈利点不能持续,无法长期有效地开展。

(4)成都共享停车分析。

成都在2018年2月发布《关于鼓励和支持停车资源共享利用工作的实施意见》,针对共享停车发展中的痛点,以问题为向导,围绕完善支撑保障、优化市场环境、促进产业发展三个方面的重点任务提出了10条支持共享停车发展的具体政策措施。具体有提升停车设施信息化水平、建设市级公共停车基础信息平台、开展共享停车电子发票试点和推广、建立共享停车行为信用约束机制、推出共享停车保险产品、调动停车资源拥有方积极性、调动物业服务机构积极性、支持共享停车服务企业发展、加大金融扶持力度、制定共享停车服务行业标准规范。

2018年7月,金牛国投、成都交投、ETCP组建成都共享停车企业,即成都交投智慧停车科技有限公司。

2019年3月,成都市编制发布《成都市智慧停车标准体系》(包含《成都市智慧停车信息系统建设规范》《成都市停车场(库)运营管理服务规范》《成都市共享停车服务规范》),在城市级平台建设层面规定了停车数据的联网规范,包括明确要求各停车场(库)、停车泊位须具备信息采集功能,规定了数据传输内容、编码标准、数据格式,要求停车场(库)经营者适时将信息数据上传至城市级公共停车信息平台,为停车资源的共建共享和整合应用提供了数据基础。同时,在"场库级"系统建设层面,也分别对路外和路内停车场的智慧化功能进行了细化明确,要求路外停车场应完善出入口管理、车位引导、反向寻车、充电桩管理等子系统功能;要求路内停车场应通过地磁、视频、电子标签等物联网技术实现停车信息采集、实时传输、自动计费、欠费追缴等功能。

2019年6月,成都交投智慧停车科技有限公司自主研发的产品"成都共享停车"在成都范围全面上线。

2019年8月,成都出台《成都市车位共享绩效与服务质量信誉考核办法(试行)》,既是对车位共享市场的鼓励,也是进一步规范车位共享经营管理和服务行为的举措,以建立完善车位共享行业信用体系,提高经营管理水平和服务质量。

关注顶层制度设计是成都共享停车推进的亮点。成都共享停车直瞄商业化运营,充分体现"政府搭台、企业唱戏、服务公众"的行政管理模式。政府出台系列保障政策措施包括制定标准体系统筹全市停车资源及使用情况,把控数据话语权;形成规范准则对车位共享企业进行评级,推出系列激励措施,调动资源拥有方积极性;成立国资运营企业培育行业发展。且后续还会有金融服务体系、社会信用体系的进一步完善,对共享停车行业发展带来更好推动作用。

(5)其他城市共享停车经验。

2008年,广州市出台《广州市行政事业单位内部停车场对外开放鼓励办法》(以下简称《鼓励办法》),鼓励行政事业单位将内部停车场对外开放共享,最近的一次修订是在2013年,有效期五年,2018年失效。

在2008年的《鼓励办法》中提到行政机关和财政核拨事业单位内部停车场对外开放经营的,取得的经营收入扣除相关税费后按规定上缴同级财政;行政机关和财政核拨事业单位将其纳入下一年度部门预算中,由财政部门审定后,作为停车场对外开放经营维护专项经费全额核拨给上缴单位;财政核补和经费自筹事业单位内部停车场对外开放经营的,可免缴国有资产有偿使用收入,所得收入扣除应缴税费和经营、维护管理成本后,全额纳入单位财务收支管理。在2013年的《鼓励办法》中,对该部分内容进行了修改,行政事业单位内部停车场对外开放经营的,取得的经营收入扣除相关税费后,余额按同级财政的相关规定执行。行政事业单位内部停车场对外开放不收费的,将对外开放的相关信息告知区、县及市交通部门。从两次《鼓励办法》中可以看出,政策对行政事业单位内部停车场对外开放的政策收紧。

2014年,厦门市出台《关于城市道路停车泊位及行政事业单位所属的停车场收费实行非税收入管理的通知》,明确规定:行政事业单位所属的停车场的收费收入作为国有资产有偿使用收入,使用财政部门统一印制的票据,实行"收支两条线"管理。每月归集到执收的行政事业单位会计账,并于月底前将本月入账的收入上缴区财政局。停车位实行委托经营的,停车费执收单位应当按照《厦门市非税收入管理办法》的要求,与受委托单位签订停车收费委托协议书,并报同级财政部门备案。受托单位应当将受委托协议书在收费场所公示,并不得以任何名义再委托其他单位收取停车费。受委托单位收取停车费使用的财政票据由委托单位提供,并加盖委托单位公章。停车费执收单位或受委托单位在收取停车费时,应主动出具财政票据。

5.2.3.2 我国城市错时共享停车实施特点

(1)上海城市实施特点。

上海市共享停车政策也经历了提升与完善,从实际运行情况来看,其共享车位资源使用率较高。对比具体工作内容,存在以下具体特点。

①定位民生问题,明确共享停车工作细则。

上海市政策均将居住区、医院周边停车问题作为民生问题加以考量,作为政府工作任务进行考核。在共享停车市场尚未成熟、机动化初步形成的当前,是十分必要的工作事项,体现出主动作为与担当的意识。上海市进一步将共享停车政策细分为六个工作步骤,构建共享协议的达成、运作与终止等闭环控制,充分保障供需双方的利益。

②用第三方机构,探索共享停车市场体系。

在政策实施初期,上海市便探索性引入援用第三方机构,协调供需双方签订合同,搭建共享车位信息平台,提供车位资源使用状态信息,逐步培育共享停车市场。但第三方企业盈利模式并不清晰且积极性差,供需双方初次对接可为平台提供信息撮合费用,之后续约便出现线下交易。盈利能力不足的原因,一是不掌握停车资源难以获利,二是服务范围小平台聚合能力弱难以获利。

③加强整合统筹,谋取更大范围供需平衡。

由于停车需求和资源供给时间差异明显、位置相对分散,点对点的双向匹配很难在开放泊位规模、停放时间、步行距离和停车费用等方面完全达成一致,影响供需双方的合作意愿。上海市"打破原有一对一的双向合作模式,实现区域内各类停车需求和资源供给的统筹整合",在更大范围内平衡停车供需关系,争取实现区域内所有停车资源的共享利用、供需匹配。

④构建市级平台,提升停车共享信息服务。

有效停车信息引导服务缺乏会造成供需信息不透明,上海市构建市级公共停车信息平台移动终端"上海停车App",目前可提供上海全部2500多家经营性公共停车场(库)停车场的地址、泊位数、出入口、收费价格、服务时段、到达行驶路线等静态信息,已有近800家对外提供实时空泊位数信息,有效实现区域错时共享停车预约工作。应用数据信息技术实现供需科学匹配,是提高停车共享工作效率和动态调控交通出行效果、减轻基层工作人员负担的必要途径,也是停车共享政策推进亟须解决的关键问题。

⑤健全工作机制,强化停车共享推进合力。

停车共享工作涉及停车执法、各类停车资源和停车需求的调研、协调和部署落实,在牵头推进的同时,需要摆脱自身力量比较单一的局限。上海市建立了"区政府统筹实施、所在街镇属地落实、其他相关部门共同参与"的工作推进机制,具体有区域停车资源共享利用协调制度、停车共享供需双方对接协商机制、制定停车资源共享利用操作方案,制定住宅小区停车共享协议和管理规范(示范文本)以及可供参照实施的停车共享操作流程。

(2)成都城市实施特点。

不同于上海的政府主导模式,成都市采用直瞄商业化运营、关注顶层制度设计,充分体现"政府搭台、企业唱戏、服务公众"的管理模式。在一定的政策体系、技术体系、金融体系支持下,良好推进城市共享停车工作,为城市共享停车政策实施提供新的参考路径。

①定位市场问题,大力培养共享停车市场。

成都市政府停车共享工作起步相对较晚,并没有采用政府直接主导推进的工作模式,而是将停车问题定位于市场化问题,采用推动共享停车市场解决停车供需矛盾的工作模式。该模式绕过共享停车初期的探索、积累与民众习惯培养,以系列保障政策、新兴技术手段及后期金融服务推动停车问题市场化解决,是未来发展方向,跨越民众缴费意识不足、社会信用体系制约、违停执法情与理的拿捏等发展性难题,也存在诸多政策风险。

②重视顶层制度,积极实践有为政府理念。

为推进共享停车市场,成都市政府密集制定出台停车场智慧运管标准体系,统筹全市停车资源及使用信息,打通停车信息孤岛,把控数据话语权;形成规范准则对车位共享企业进行评级,也积极探索税收减免、备案优先、金融扶持等奖励、激励措施,对个人共享车位的予以"蓉 e 行"积分奖励,调动全社会停车资源拥有者的积极性。成都市政府以制度建设推动共享停车市场发展,减少市场运行过程中的行政干预,积极实践有为政府与有效市场的工作理念。

③引入国资企业,探索平台金融发展体系。

成都市政府成立国资运营企业培育行业发展,一是避免"小、散"企业运营造成数据资源难共享、运营管理难协调、工作步骤难统一的局面,二是对停车信息进行严格安全把控,同时也为后期金融体系发展提供基础。目前,成都市正在稳步推进共享停车金融服务体系,已经出台停车金融债券,对于引入社会资本开展停车设施建设与运维有着良好促进作用。

5.2.4 北京市错时共享停车实践案例

北京市于2013年开始鼓励实行停车泊位错时共享,2018年为了加快解决停车难问题,发布了错时停车有偿共享的相关条例。但这些政策条例,多呈现引导、动员的特点,缺乏系统的保证共享停车有效实施的长效机制。

值得庆幸的是,2018年9月,新京报、北京晚报等均重点报道了王府井地区实现全北京市第一个地面不停车社区,引起研究团队广泛兴趣。本研究以构建"区域停车共享工作模

第5章 共享停车行业发展分析

式"为目标,围绕区域停车共享工作流程、工作难点,面向整个环节的参与者进行全面深度访谈工作。

(1)研究方法和实验设计。

不同于以往自然科学以量化分析为主的研究模式,团队以总结提炼停车共享工作模式为目标,选取社会科学领域质性研究中扎根理论作为主要研究方法。扎根理论目的是基于经验资料、实证资料的分析,形成概念(影响要素)谱系,并提炼范畴构建理论架构。扎根理论相对于一般的质性研究有所突破,不只是停留在对研究现象进行描述、分析和解释的层面,而是致力于探索如何通过其科学严谨的操作流程将成熟的行为模式以理论的方式呈现出来。研究中对原始访谈资料进行一系列的分析、规划,将其浓缩成不同层次的概念、范畴,并通过开放式编码、主轴编码、选择性编码三个编码层次的选择与比较,探索其内在关系,构建理论模型,最终形成一套基于扎根理论的共享停车实施技术与方法。扎根理论流程具体步骤如图5-7所示。

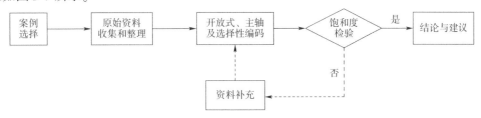

图5-7 扎根理论流程图

王府井地区是首都核心区的核心,作为北京集中体现大国风范、时代风尚的金名片,同样面临停车难、停车乱的困局。经过4个月的全面整治工作,王府井区域实现了地面不停车的目标,显著提升了地区环境品质,得到了社会广泛认可,具体实效可参见央视朝闻天下、中国新闻网、新华网、人民网、北京日报等媒体相关报道。通过以上报道,梳理出核心参与单位包括东城区城市管理委员会、王府井建管办、东华门街道等政府管理部门,北京建筑大学、北京市静态交通业商会、北京市百瑞律师事务所等社会科研机构,由此明确研究过程中访谈对象的选择范围。

本调研选取东城区城市管理委员会、王府井建管办、东华门街道、北京建筑大学、北京市静态交通商会、北京市百瑞律师事务所6个部门和机构中共24名访谈对象(每个部门均匀选择4名工作人员),以一对一的形式进行深度访谈,受访人员基本特征情况分布见表5-7。扎根理论的研究目的在于建立理论层面和原始文本资料间的联系,使理论模型具有实证意义,尤其重视对不同视角下的基础数据的调研工作,以期保证原始资料的完整充实。其中,访谈设计对研究者的知识储备和思想深度提出了一定的要求,研究者应具备能够准确把握从宏观整体到细节末端的问题根源的能力,从而明确访谈主题,掌握访谈核心,利用开放、灵活的问卷建立与受访者之间的互动,以参与性强的话题引起受访者的兴趣,引导其从自身的立场出发,聚焦问题和观点,使其统一集中于访谈主题上,及时快速地抓住访谈核心进行表达。为了保证访谈效果,将一对一谈话时间限制为45分钟,从而使访谈对象具有充分的思考时间,能够完整表述自身观点,研究采用的访谈提纲以王府井地区实施共享停车的必要性作为先导问题,让受访人员逐渐放松,并保持这种状态一直到访谈结束,访谈的核心内容以受访对象从个人专业领域角度出发阐述其对共享停车实施的看法为主,具体内容见

表5-8。同时,在数据数量上需要能够获取大量可靠的原始数据,以保证研究结论的系统性和稳固性。当所得到的数据信息产生重复、没有新的概念进入时,就可以停止选择,满足数据样本饱和。

受访人员基本信息　　　　　　　　　　　　　　　　　　　表5-7

基本情况	性别		年龄			学历			工作年限		
	男	女	20~30岁	31~40岁	41岁以上	本科及以下	硕士	博士	5年以下	6~10年	11年以上
样本人数	14	10	3	6	15	13	6	5	4	15	5
比例(%)	58.3	41.7	12.5	25.0	62.5	54.2	25.0	20.8	16.7	62.5	20.8

访 谈 提 纲　　　　　　　　　　　　　　　　　　　　　　表5-8

访谈主题	主要内容
基本信息	性别、年龄、学历、工作年限
共享停车现状	您觉得王府井地区为什么需要实施共享停车 从您自身专业角度来看,共享停车实施的困难有哪些
共享停车实施技术方法	贵单位在王府井停车入地工作中承担了哪些任务?有哪些技术难点

本研究通过对24名访谈对象的1200分钟的访谈,获取有效资料24份。

(2)数据分析和模型构建。

对近万字的原始文本资料,分为两类:一类为分析样本(18份),另外一类为校验样本(6份),对两类资料均进行文本资料扎根编码分析。为深度挖掘共享停车实施的技术方法,对于访谈中回答过于单一、含糊不清的文本资料进行剔除,对其余的记录加以整理分析,得到300条原始语句及初始的代表性语句,继而归纳为相应的初始概念,大量的初始概念间存在一定的重复和交叉,本次研究中对重复出现3次以上的初始概念进行保留,并进一步概括使其范畴化。表5-9显示了对原始访谈资料进行概念化和范畴化的全部编码过程,得到23个初始概念和18个范畴。考虑到篇幅有限,针对各个范畴,仅罗列其具有代表性的原始语句及其衍生的初始概念。

开放式编码过程与形成的概念、范畴　　　　　　　　　　　表5-9

访谈资料记录(代表性语句)	开放性译码		
	初步概念化	概念化	范畴化
落实习近平总书记视察北京重要讲话精神	习近平总书记讲话精神	领导指示	领导人驱动
落实蔡书记关于要把王府井建设成为全国最好商业街的指示	蔡书记指示		
东城区委、区政府在深入研究王府井地区整体规划的基础上,开展治理王府井周边胡同停车秩序工作	东城区委、区政府开展工作	带头工作	区域战略

续上表

访谈资料记录(代表性语句)	开放性译码		
	初步概念化	概念化	范畴化
未实现不停车的8条胡同中,居民登记机动车578辆,但社区内部可提供的停车泊位仅有237个	社区内部停车位不足	泊位资源匮乏性	现状问题
胡同中可有序停放机动车398辆,但每天平均有约1300辆机动车停车需求	胡同停车资源紧张		
造成区域内停车难、停车乱现象十分突出	停车乱象突出	交通影响感知	
严重影响了百姓出行及区域环境品质	环境品质下降	环境影响认知	
开展3个社区居民车辆停放意愿调查,共发放500份,收回有效问卷267份,先后组织304名居民参与座谈讨论,对157名居民进行沿街随机访谈	对社区居民开展问卷调查	社区停车调查	需求情况
开展8条胡同停车状况调查	对路侧停车状况开展调查	胡同停车调查	
开展22家商业配套停车场使用状况调查	对供给方开展调查		供给情况
深入挖掘共享停车资源,邀请地区重点商户多次召开座谈会,逐一与商户座谈对接,动员商户主动承担社会责任,为周边居民提供共享停车位	深入挖掘共享停车资源	商家供给调查	
居民就近停车的习惯难以改变,如果到距离较远的共享停车位停车,居民抵触情绪较大	居民抵触远距离停车	出行距离问题	居民意见
居民的停车付费意识尚未形成,居民原本在胡同内停车不缴纳任何费用,而共享停车位需要缴纳一定费用,由免费到付费工作难度较大	居民抵触共享停车收费	缴费标准问题	
组织停车管理社区志愿者培训,在社区设点为居民答疑解惑	社区设点答疑	政策条例普及	政策条例普及
开展停车政策宣讲,深入分析居民停车需求	开展停车政策宣讲		
制作并发放宣传折页600余份	发放宣传折页		
组织市人大法制处、市交通委宣讲团开展了4场《北京市机动车停车条例》集中宣贯会	开展停车管理条例宣贯会		
周边可共享停车场均为商业配套停车场,主要是满足自身商业经营需求	周边商场停车泊位满足经营需求	商家管理问题	商家意见
经营企业不愿意承担居民共享停车,避免增加管理难度	增加商家的管理难度		
经营企业不愿意增加管理成本	增加商家的管理成本		

续上表

访谈资料记录(代表性语句)	开放性译码		
	初步概念化	概念化	范畴化
王府井地区商业配套停车场收费价格普遍较高(1050~2900元/月),与居民可承受价格(300~500元/月)差距巨大,经营企业有抵触情绪	双方价格不同步	费用标准问题	价格矛盾
商业配套停车场主要使用时间(10:00~22:00及节假日)与居民主要停放时间(18:00~次日8:00及节假日)有冲突,双方矛盾难以调和	商家与居民停放时间冲突	停放时间问题	时间冲突
研究制定了《王府井地区共享停车补贴办法》我们结合实际,充分考虑商户的经营利益和居民的承受能力,确定了"企业降一点儿、居民掏一点儿、政府补一点儿"的工作思路	制定共享停车补贴办法	补贴机制	补贴机制
根据停车资源数量、距离、时间、价格等要素,确定了停车入地菜单式方案供居民选择	制定菜单式停车入地选择方案	方案菜单	方案菜单
在政府补贴200元/月的基础上,居民近距离全天停放按照500元/月缴费、近距离限时停放按300元/月缴费、远距离全天停放按照300元/月缴费	制定近、远距离不同的价格标准		
由于停车管理工作的法律法规及政策制度不完善,导致停车治理工作推进难度较大	停车管理工作缺乏依据	停车管理困难	管理制度
在胡同中停车的主要是市民及当地居民,公安交通管理部门在停车执法方面存在较大困难	公安执法难度很大		
街道和地区管理部门在统筹做好商户和居民工作方面缺少法律法规的支撑,工作难度较大	街道等管理部门统筹工作缺乏依据	街道统筹困难	
积极参与商户、居民工作协调会,提供法律咨询,为王府井地区周边停车综合治理工作提供了有力的法律保障	提供法律咨询	咨询服务	咨询服务
先后组织宣讲会、居民座谈会,并对重点居民进行点对点宣传和集中攻坚	对重点居民集中攻坚	重点座谈	重点座谈
配合街道组织社区、产权单位、物业企业座谈,引导胡同院内停车自治管理研究制定了政府与商户签订的《王府井地区停车位共享合作协议》	制定政府与客户之间的相关协议	签订协议	签订协议
制定了商户与居民签订的《居民停车服务协议》	制定居民与商户之间的相关协议		

续上表

访谈资料记录（代表性语句）	开放性译码		
	初步概念化	概念化	范畴化
街道成立了4个群众工作组，扎实做好居民宣传动员、摸底调查、居民自治、停车管理工作，起草并发放了《致停车居民的一封信》《交通秩序综合整治通知》	发放《致停车居民的一封信》《交通秩序综合整治通知》	公约条例	公约条例
街道组织社区成立了由社区居民、社区干部、小巷管家、街巷长和平房区物业公司保安组成的"美丽胡同自管会"制定了《美丽胡同公约》	制定《美丽胡同公约》		
建立了胡同停车自治微信群	建立了胡同停车自治微信群	管理自治	管理自治

最终得到错时共享停车工作9个主范畴的归类，分别是成立专班、调研建档、深挖细谈、宣传引导、因势利导、多维调节、法律跟进、分步实施、增设设施，对应的副范畴见表5-10。

主轴编码过程与形成的主范畴 表5-10

副 范 畴	主 范 畴
领导人驱动	成立专班
区域战略	
现状问题	
需求情况	调研建档
供给情况	深挖细谈
居民意见	宣传引导
政策条例普及	
商家意见	因势利导
价格矛盾	
时间冲突	
补贴机制	
方案菜单	多维调节
管理制度	法律跟进
咨询服务	
重点座谈	分步实施
签署协议	
公约条例	增设设施
管理自治	

选择性编码是扎根理论最后一级编码，是通过从主轴编码中进行深度挖掘，找到主范畴中的核心范畴，系统地将其与其他范畴建立联系，形成理论化模型。研究中对概念和范畴进行持续的比较、归纳和演绎，从而确定了主范畴，并对其与停车共享实施技术方法之间的联

结关系进行分析,最终确定了"共享停车实施技术方法"核心范畴的地位。紧紧围绕核心范畴,确定了其与其他范畴之间的关系表现为"基础摸底、方案制定、推动落实"这一核心路线。其中,基础摸底属于前置阶段,完成这一阶段才能驱动方案制定阶段的进行,最后推动落实共享停车入地工作。研究过程中将这样互相之间的联结关系定义为共享停车实施技术方法模型,如图 5-8 所示。

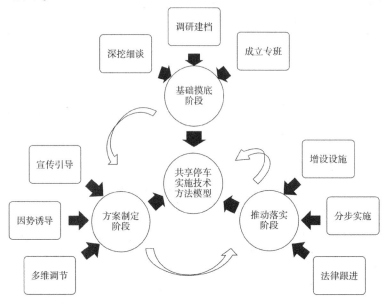

图 5-8 共享停车实施技术方法模型

理论饱和度检验是扎根理论中验证理论模型是否科学完整的不可或缺的一环,检验的过程是通过整理分析已调研的基础资料,判断其能否产生新的概念范畴,并直至再无新的信息发生为止。研究以基础数据中未进行抽样编码的 1/4 的访谈样本进行理论饱和度检验,结果表明,没有新的概念或范畴出现。因此,可以验证研究所建立的共享停车实施技术方法理论模型已经达到了理论上的饱和。

(3)区域停车共享实施步骤。

从共享停车实施技术方法模型中可以看出,基础摸底、方案制定、推动落实是实施停车共享的三大工作步骤,但具体的工作步骤和对停车共享实施的作用不同,阐述如下。

①基础摸底阶段。

基础摸底阶段是模型的基石。首先要成立专班,合力协调推进共享停车,停车共享工作涉及商户、居民、街道、民防、警务、法律、财政、调研、宣传等多个环节与对象,需要构建融合交通、交警、财政、人防、市政、街道等管理部门和社会研究机构的工作专班,形成合力协调各方利益与矛盾,共同推进整体工作落实。接下来进行调研建档,压实停放需求,理清需求总量是整体工作的基础,需要开展居民需求登记建档、路侧停放车辆调研成库及两者相互匹配,逐步压实实际停放需求即停车共享工作解决目标,同时,还应调研居民车辆共享停放价格、时间、距离等基本意向。最后深挖细谈,明确供给意向,挖掘供给量是推进停车共享工作基本出路,需要针对区域既有停车资源进行停放使用特征分析,并与经营者深入细致座谈,明确共享空间、时间、价格及其他潜在顾虑。

②方案制定阶段。

方案制定阶段是模型的核心,这一阶段主要是方案政策相互驱动。

首先,要宣传引导,疏通居民思想。加强宣传引导,做好居民思想工作,认清停车是用车消费行为的关键环节,逐步养成"停车入位、停车缴费、违停必罚"基本意识。

然后,要因势利导,锚定供给总量。居民缴费付出与商家收费盈利存在天然矛盾性,市场失效更是停车共享工作推进的关键难点。需要工作专班刻苦攻坚,综合现实公益、长远效用、人防协调、财政补贴等多种方式挖掘供给资源。

最后,要多维调节,分区精细匹配。对需求与供给进行时间、距离组合,以价格为杠杆调节不同组合之间选择效用,形成多维度可选择停放菜单,服务于居民不同停放需求。同时,划分区域空间界限,限定选择范围,实现精细匹配。

③推动落实阶段。

推动落实阶段是模型的保障,这一阶段主要是从长远考虑停车落地后需要及时跟进的工作。

首先,提供法律跟进,明晰责任义务。必须通过法律形式明确政府与商家、政府与居民、居民与商家三组停车共享合作关系的责任和义务,防止不必要意外事件发生,保证整体工作依法有效推进。

其次,进行分步实施,逐一引导落实。按照停车共享菜单方案逐步公示,与居民逐一签订车辆共享停放合同,保证整体工作顺利推进。

最后,增设设施,建立长效机制。对街道进行人防、物防、技防提升,减少消除车辆乱停空间,防止车辆乱停乱放现象回溯,建立长效管理机制。

鉴于共享停车越来越广泛地被认为是缓解停车资源紧张、治理城市停车乱象的有效手段,而理论界对共享停车如何克服种种实施困难知之甚少,本报告基于扎根理论建立了共享停车落地实施技术方法的理论模型,探索出共享停车落地实施应采取的"3阶段、9步骤"的技术方法,供参考借鉴。

5.2.5 推动共享停车发展的政策建议

基于对错时共享停车政策的分析,本调研提出"共享停车政策推行"架构,整体表现为"政府主导、企业合作、服务民众"这一核心路线。其中,政府引导为推进当前错时共享停车的关键力量,企业合作过程中存在利益的诉求,服务民众刚性居住停车需求为政策核心目标。最终,构建我国当前共享停车政策制定与实施影响谱系,如图5-9所示。

我国共享停车政策制定,源于居住区停车资源不足而引发居住区内部争抢停车资源、居住区外部占用通行道路的治理工作,严格意义上讲,讨论通过加强执法能够保证避免居住停车外溢占道情形,但由于居住区停车带有一定程度刚需性质,强行执法会带来一定社会冲突与矛盾。由此,政府推出有偿错时共享停车政策,期望能够协调部分社会停车资源供居住区民众使用。但社会停车资源建设、运营、管理均存在运营成本的问题,居住区民众对共享停车价格的接受程度直接影响政策实施效能。在实际执行过程中,更多是政府协调企业让利,给予民众一定停车优惠,并促使双方签订共享停车协议,保证政策顺利实施。

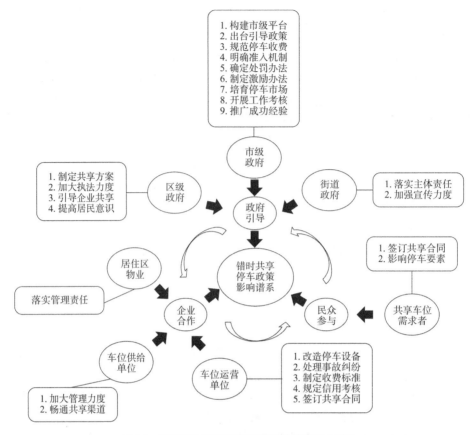

图 5-9　我国当前共享停车政策制定与实施影响谱系

本调研应用扎根理论的编码分析方法,对我国 61 个城市共享停车新闻报道进行整理汇编,形成共享停车政策影响谱系,探讨共享停车政策制定与执行的影响要素及作用。

5.2.5.1　政府引导

政府在错时共享停车发展中主要起到统筹协调监管的作用,这里政府包括市级政府、区级政府和街道政府三个级别。

(1)对于市级政府。

在工作机制上,首先要下达错时共享停车政策推进任务,并明确具体任务目标和监督考核机制,形成有效的政策闭环推进过程;在实现路径上,可分为政府驱动型与市场驱动型两种模式,其中,政府驱动型以政府为主导挖潜停车资源;市级政府积极引导区级、街道政府对接停车企业争取停车资源;市场驱动型以市场化经济效益吸引停车资源,市级政府强化共享停车市场发展的基础制度设计与营商环境构建。

在具体职责上,一是市级政府要开展市级停车信息资源平台建设,纳入全市停车运营企业实时运营信息,实现区域停车供需对接,并设计配套停车信息资源接入与使用标准,以标准、规范内容整合动(运营管理)静(基础设施)态停车资源数据,实现信息一体化统筹;二是出台错时共享停车激励引导政策,调动各方企业共享停车资源积极性;三是规范错时共享停车收费标准及模式,为错时共享停车车位运营企业提供参考依据;四是明确共享停车服务使用与退出机制,保证符合条件的居民优先错时共享停车;五是制定错时共享停车失信处罚办法,减少停车场和用户在错时共享停车失信,促进错时共享停车行业健康发展;六是积极推广共享停车成功经验,积极宣传共享停车政策。

(2)对于区级政府。

首先,要出台辖区内停车设施有偿错时共享工作方案,以落实错时共享停车政策;

其次,联合交管、交通、城管等部门形成工作合力,加强停车执法力度,通过"疏堵结合"有效推进共享停车工作开展;

再次,引导停车运营企业共享运营信息,掌握共享停车相关数据话语权;同时还要通过多种方式、渠道来提高居民文明停车意识,加快培养全民"停车入位,停车付费,违停受罚"的停车意识,培育停车市场环境。

(3)对于街道政府。

各街道要落实错时共享停车主体责任,在市场化条件尚不具备情况下,应坚定强化发挥街区主责优势,多方统筹形成合力,挖掘停车资源、协商停车价格;通过座谈、调研等方式掌握区域停车供需情况并推进错时共享停车参与方签订合同。

5.2.5.2 企业合作

企业在错时共享停车发展中有至关重要的作用,是错时共享停车市场化发展不可或缺的主体。错时共享停车相关企业主要包括居住区物业、车位供给单位和车位运营单位。

对于企业方,一是关注共享停车能否为企业带来利润的增加;二是推进共享停车将带来停车场设备智能化改造和停车设施信息化水平,从而增加建设成本;三是关注共享停车的实施会引入更多外来车辆,增加本区域内部的安全管理责任;四是担心签约共享停车用户在非共享时段违规停放、拒不缴费等情形带来的纠纷。

5.2.5.3 民众参与

民众是错时共享停车的主要参与者,由于其为居住停车,更多将共享停车资源锚定为本小区的停车资源,由此产生了价位低、距离近、管理好、专有化的心理诉求。与其心理诉求不相符时,便会消极参与共享停车政策。

政府应积极宣传,认真讲解,共享停车是一项惠民政策,但也应遵循其市场属性,是居住区停车资源不足情形下的补充方案。各相关单位和部门要因地制宜制定奖励机制提高居民错时共享停车参与意愿。

5.2.5.4 存在问题

从梳理内容来看,我国城市共享停车政策实施尚存在以下典型问题。

(1)供需资源匹配政府作用不可或缺。

错时共享停车政策落地实施首先需要明确车位供给来源与车位服务需求,供需资源匹配是停车共享政策实施的第一个难点。仅有在社会管理中起协调作用的政府行政部门能够依据实际政策落实推进,协调政府机关、企事业单位、商业停车场提供共享停车位。目前条件下,也仅有政府行政部门能够筛选出居住区停车刚性需求,在此,政府行政部门具有不可或缺的主导作用。

(2)降低停车收费价格政府作用不可或缺。

错时共享停车解决居住区刚性停放需求,服务居住区居住停车行为。由此,居民在参与该政策过程中,其缴费价位锚定点通常为自己社区的停车收费标准或路侧停车夜间收费标准,远低于市场收费标准,由此产生第一个矛盾点——价格矛盾;且在实际操作中,商业停车资源距社区距离远近不一,如何平衡收费标准与市场价格关系,也是价格矛盾的另一体现。街道政府出面,以街区美化、景观提升等工作推进为理由,与停车企业协商强调承担社会治理责任,或给予一定优惠补贴,是解决降低周边居民停车收费标准、化解价格矛盾的有效路径。

(3)为居民信用背书政府作用不可或缺。

错时共享停车车位带有保障性车位属性,在协议共享时间以及限号、节假日等时间段均采用保障性协议收费价格和停放管理措施。车位供给单位或企业担心在价格上存在超出保障性协议收费价格以外时间段停放而拒绝缴费的行为,在运营上存在超出协议共享时间段而拒绝移出车辆阻碍车位供给单位自身运营的情况,在实践中存在违反协议私自进入企业办公区域的现象,从而产生信任危机,这些潜在问题均需具有公信力的政府为居民背书,方可提高企业信任度。

政府难以无限投入行政力量推进政策落地。由此,"政府不可或缺"在一定程度上预示着政策不可持续。政府在供需资源匹配中不可或缺,表明目前缺少错时共享停车信息交互平台,仍需基层政府去对接,没有激发企业自身活力;政府在协调价格机制中不可或缺,表明目前缺少市级统一政策优惠与激励文件,仍需基层政府去承诺,没有激发企业自身盈利积极性;政府在居民信誉背书中不可或缺,表明目前缺乏必要的错时共享停车政策享用退出机制,仍需基层政府去处理,没有激发居民履约意识。

建议各地政府在未来发展中,针对以上内容完善政策体系,同时,也应将共享停车市场化发展作为未来基本方向。

第6章 共享汽车行业发展分析

6.1 共享汽车定义与内涵

6.1.1 共享汽车定义与分类

6.1.1.1 共享汽车定义

共享汽车在20世纪40年代萌芽于欧美国家。1948年,瑞士出现了共享汽车项目——社区邻里共享汽车模式,被广泛认为是现代共享汽车的初始形式。其主旨是以有限的车辆,通过合理的调配,在不同的时间,为不同拥有使用权的顾客服务,从而达到车辆利用效益最大化。在经历了自发性合作、非营利机构运营、传统商业运营后,在移动互联网、移动支付和新能源汽车的迅速发展下,共享汽车进入了互联网商业运营阶段。

如今,广义的共享汽车是指多人在不同时间使用同一辆车,包括非营利性质的小汽车共享协会、拼车、网约车、商业的共享汽车模式等。狭义的共享汽车是指现在的互联网商业共享汽车模式(又称共享汽车),即随着互联网碎片化资源的利用及共享概念成长起来的汽车租赁服务模式,基于互联网的、以小时或分钟计费、随取即用的自助租车服务方式。此为本报告研究对象。

本质上,共享汽车是对于租车市场的进一步垂直细分,是一种更灵活便捷的、短时的汽车租赁形式,是介于私家车和公共交通之间的一种交通创新方式。共享汽车主要有以下三个特点。

(1)分时共享。

一辆汽车在不同时间段分别提供给不同出行者使用,鼓励短时用车、衔接式用车,使车辆在城市中的使用效率最大化。

(2)按需付费。

按个人用车时间和里程付费,降低了出行成本,减少了购车成本及保险费、维修费等费用。

(3)随借随还。

随时租赁、用完即还,在居民较集中的社区、街道,短时或临时出行较多的机关、科技园区、高校、交通枢纽等地建设租赁点,形成网络化借还地点,更贴近出行者需求,方便使用。

除了上述主要特点以外,随着互联网飞速发展,出行者选择共享汽车出行也逐渐智能化,出行者可以通过手机、网络等多种方式,自助完成注册、预约、取车、用车、还车以及结算支付全过程。此外,新能源共享汽车还有绿色零排放的重要特点,而这也是北京、上海等特大城市的行业主管部门重视和鼓励新能源共享汽车行业发展的主要原因之一。

6.1.1.2 共享汽车分类

按照分类方式,共享汽车可分为多种不同的类型。

(1)按照车辆动力。

按照车辆动力,可分为传统能源共享汽车和新能源共享汽车。

传统能源共享汽车有途歌出行、Car2go 即行等;**新能源共享汽车**有绿狗租车(Green Go)、EVcard、一度用车、GoFun 出行等。其中,新能源共享汽车因其节能减排,有利于城市环境的改善,获得了政府的大力支持。

(2)按照车辆来源。

按照车辆来源,可分为独立共享汽车公司、汽车厂商、传统租车公司、互联网公司。

独立共享汽车公司如美国旧金山湾区的 City Carshare、德国的 Flinkster 等;汽车厂商公司有奔驰的 Car2go 即行、宝马 Drivenow 等;传统租车公司有我国的神州租车、一嗨租车等;互联网共享汽车公司有绿狗租车(Green Go)、GoFun 出行、一度用车等。此外,随着自动驾驶技术的崛起,自动驾驶方案公司也开始涉足共享汽车领域。

(3)按照取还车模式。

按照取还车模式,可分为固定租赁站点模式(Station-based mode)、自由流动租赁模式(Free-floating mode)。

固定租赁站点模式是指出行者在固定租赁站点提取和归还车辆,出行者在站点 A、B、C、…、X 都可以取车和还车,由于存在车内智能设备和智能充电桩的模式,因此,可以实现无人运营。固定租赁站点模式可分为定点取车定点还车(A-A)和定点取车任意点还车(A-B)两种模式。典型的固定租赁站点模式共享汽车公司有法国的 Autolib 和我国的 EVcard、绿狗租车、GoFun 出行等。

自由流动模式是指在某些区域内任意地点提取和归还车辆,这种模式下不设置任何固定地点,出行者在一定区域内任意地点取车和还车,这种模式下出行者只需要单程租车,开到有公共停车位的停车点即可。典型的自由流动模式共享汽车企业有德国宝马的 Drivenow、我国的 Car2go 即行等。

6.1.2 共享汽车使用流程

共享汽车出行方式实行会员制,其可借助强大的互联网技术,在有限的汽车的基础上,通过合理有效的调配,实现在不同时间段多人使用同一辆汽车,达到汽车使用频率最大化的目的。会员通过网络提前预约就可拥有汽车的使用权,按照计时制或计程制收取费用,然后在离目的地最近、最方便的停车场还车,完成一次共享汽车的使用。如图 6-1 所示,共享汽车使用流程总体可概括为四个步骤。

(1)第一步:注册入会。

出行者通过比较费用、停车站点等信息选择共享汽车公司。共享汽车采用的是会员制管理办法,出行者在共享汽车公司网站、手机 App 或第三方平台上实名注册,提供身份证、驾驶证等个人信息的电子版,并绑定银行卡以便完成后续缴费。其中,部分共享汽车公司要求出行者缴纳一笔押金或者会员费用。

(2)第二步:预约租车。

有出行需求的出行者使用网站、手机 App、第三方平台预约车辆。共享汽车智能交通系统为出行者提供各站点的可用车辆信息,方便出行者输入取车和还车网点、取车和还车时间信息,系统根据出行者需求、库中汽车的存量及状态进行信息匹配。如果没有搜寻到符合标准的车辆,系统显示匹配失败,通知出行者预约不成功,允许出行者更改租车信息重新提交申请;如果匹配到合适的车辆,则接受预约,通知出行者预约成功。

(3)第三步:取车用车。

出行者根据预约的结果到预约的停车场取车或到就近的停车场取车。出行者在车辆旁边点击手机App中的"开门"指令,共享汽车智能交通系统便会发送开车门指令至车辆,自动解锁车辆;或出行者在共享汽车智能交通系统面板上输入手机收到的验证信息,解锁车辆,出行者可以使用共享汽车,开始行程。

(4)第四步:还车缴费。

在出行结束后,出行者可以在离目的地最近的停车场归还车辆,同时,共享汽车智能交通系统也会帮助出行者寻找最合适的停车场。出行者到达停车场后,将共享汽车停到指定位置、停车熄火、驻车制动,检查带好随身物品、下车关门,打开共享汽车智能交通系统,会实时显示出行者租用车辆的时间、里程以及总费用,点击"还车"便可以结束此次共享汽车出行。最后,出行者支付费用,锁车离开。

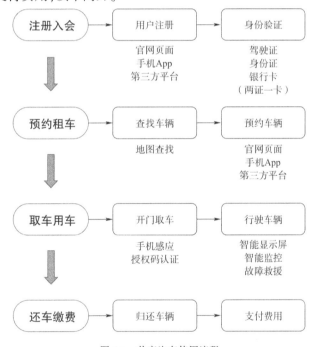

图 6-1 共享汽车使用流程

6.1.3 共享汽车定位

当前,城市道路不堪重负,停车泊位紧缺,各地陆续出台不同形式的"限牌限号"政策,使私家车不可能无限制地扩张。"摇号购车"政策出台后,机动车保有量高速度增长得到有效抑制。随着居民消费观念的改变,越来越多的人对于拥有汽车和使用汽车的看法发生了变化,很多年轻人慢慢地接受了租车使用。

产业信息网发布的《2015—2020年中国汽车后市场调查评估及发展趋势报告》显示:中

国汽车租赁市场在地域上高度集中在一线城市。目前,由于购买力和消费习惯的原因,汽车租赁市场主要还是集中在北京、上海、广州、深圳四个一线城市,这四个城市的汽车租赁市场规模之和占全国市场的55%。

租车是交通行业一种典型的"共享经济"模式,这种模式可以为人们出行带来更低的成本。所以,在一线城市,租车在市民选择出行方式时将成为重要方式之一,汽车使用由拥有权向使用权的转变将成为常态。长租是目前租赁市场的主流,汽车租赁市场70%的份额。随着短租市场的加速启动,长租市场的份额将呈逐年下降趋势,但仍占汽车租赁市场的较大份额。由于共享汽车模式具有灵活性和便捷性,其在短租中将发挥重要作用。

在北京、上海、广州、深圳等我国一线城市,百公里内用户出行需求可以分为以下四个层次:一是0~5千米之内的短途交通出行方式,包括公交、地铁、公共自行车、出租车以及共享汽车;二是5~40千米内的交通出行方式,包括出租车、专车和共享汽车,在此范围内出租车利润最丰厚;三是40~100千米的出租车和共享汽车等;四是100千米以上的公共交通出行方式,主要包括日租车以及少量的租赁车辆。

当前,受"摇号购车"限制以及密集新能源车利好政策的出台,新兴的共享汽车企业均选择电动汽车开展共享汽车业务,压力主要来自基础设施建设成本。

首先是租赁网点充电停车位资源及车位租赁费用。电动汽车续航里程受限,运营车辆日均至少充电一次才可以保证正常的运转,车辆充电运营成本高。其次是租赁网点大规模建设成本。大规模铺设网点会产生大量成本,租赁网点的覆盖范围和密度将会影响客户的使用,包括客户异地还车以及停车充电问题,难以增加客户使用的黏性。因此,电动汽车共享汽车模式更加适合面向5~40千米出行距离的人群。

综上所述,根据共享汽车模式"分时共享、按需付费、全程自助、随借随还"的特点,共享汽车行业定位于倡导个性化和低碳出行,在人口高密集、停车资源紧缺的大型或特大型城市,租赁企业在城区均匀布设租赁网点,借助互联网及移动互联网平台,为出行距离在5~40千米,年龄段在20~45岁的出行人群提供"固定站点式"或"自由流动式"的纯电动汽车自助租赁服务,是城市公共交通的有效补充。

各类交通方式出行成本与出行便捷度的关系如图6-2所示,由此共享汽车定位可总结为:与其他城市客运形式实现差异化服务,错位经营,满足公众个性化通勤、商务和休闲的短途自驾出行需求。

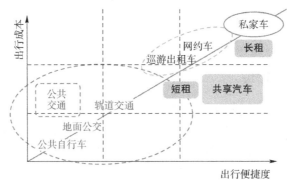

图6-2 各类交通方式出行成本与出行便捷度的关系

6.2 共享汽车行业发展机遇

6.2.1 新能源共享汽车政策以鼓励为主

中央及各级政府鼓励共享汽车运营补贴和网点建设,有力推动行业发展。面向共享汽车平台主要提出了全国鼓励新能源共享汽车政策、共享汽车平台运营补贴政策、共享汽车网点数量指标以及共享汽车平台押金政策等。

6.2.1.1 鼓励新能源共享汽车政策在国家和地方层面同步推广

(1)国家层面。

①2014年7月,国务院办公厅印发《以关于加快新能源汽车推广应用的指导意见》,提出:要在个人使用新能源汽车领域,探索共享汽车、车辆共享、整车租赁以及按揭购买等创新模式。

②2015年5月,工业和信息化部、国家机关事务管理局共同印发了《新能源汽车共享汽车发展的指导意见》,提出:在国家部委机关中逐步推行共享汽车项目,提高机关办事效率,实现机关干部绿色出行。

③2017年7月,交通运输部印发了《交通运输部关于全面深入推进绿色交通发展的意见》,提出:鼓励汽车租赁业网络化、规模化发展,依托机场、火车站等客运枢纽发展"落地租车"服务,促进共享汽车创新发展。

④2017年8月,交通运输部、住房和城乡建设部印发了《关于促进小微型客车租赁健康发展的指导意见》,鼓励使用新能源车辆开展共享汽车,并按照新能源汽车发展相关政策在充电基础设施布局和建设方面给予支持。

⑤2017年8月,交通运输部、住房和城乡建设部联合印发了《关于促进面包车租赁健康发展的指导意见》,其中第四章明确了鼓励共享汽车发展的要求,并从充分认识、发展共享汽车的作用、科学确定共享汽车的发展方向、提升线上线下服务能力、建立和完善配套政策措施四个方面进行了详细阐述。

⑥2019年3月,中共中央、国务院印发了《交通强国建设纲要》,明确提出:大力发展共享交通,打造基于移动智能终端技术的服务系统,实现出行即服务。

⑦2020年11月,国务院办公厅印发了《新能源汽车产业发展规划(2021—2035年)》,提到"新能源汽车是全球汽车产业转型升级、绿色发展的主要方向,也是我国汽车产业高质量发展的战略选择。党中央、国务院高度重视新能源汽车产业发展。"

(2)地方政策。

①北京市。2017年3月,北京市交通委员会相关负责人指出,北京将深入推进传统运输行业与新业态的融合发展。探索推动网上审批、信用信誉监管、电子运单与定位数据结合监管等工作方法,建设实施"互联网+放管服"体系,推进出租、租赁、货运、旅游等行业与新业态融合发展,包括推进共享汽车网点布局。

②上海市。2016年3月,上海市出台《关于本市促进新能源汽车共享汽车发展的指导意见》,提出:优先保障用于共享汽车的纯电动汽车额度需求,对共享汽车企业购买新能源汽

车给予补贴,对用于共享汽车服务的充电设施建设和运营给予补贴;计划到2020年底新能源汽车共享汽车服务网点超过6000个、纯电动汽车超过2万辆、充电桩超过3万个。

2016年8月,上海市发布《关于进一步加强本市电动汽车充电基础设施规划建设运营管理的通知》,支持充电设施市级平台与全市新能源汽车共享汽车服务平台实现平台对接、资源共享。鼓励充电设施建设运营企业与新能源汽车共享汽车企业加强合作,建立共建共享机制,提高充电设施整体使用效率。

2017年1月,上海市交通委对"关于大力发展电动汽车共享汽车的建议"的答复情况中指出,大力发展新能源汽车共享汽车业,对促进新能源汽车推广应用、推动汽车共享模式创新发展、缓解交通拥堵和减少交通污染排放等具有重要意义。

③深圳市。2015年3月,深圳市出台《深圳市新能源汽车推广应用若干政策措施》,鼓励社会资本投资纯电动汽车的旅游、客运等运营线路。在公共服务领域,探索纯电动公交车、出租车、物流车的融资租赁运营模式创新;在私家车领域探索纯电动汽车、共享汽车、整车租赁等服务创新。对购买纯电动汽车用于线路运营和租赁服务,涉及行业许可管理的,优先发放相关专用运营许可证照。

2017年7月,深圳市出台《关于征求深圳市汽车租赁管理规定(征求意见稿)及关于规范共享汽车行业管理的若干意见(征求意见稿)的意见通知》,鼓励汽车租赁经营者使用新能源汽车开展租赁业务;共享汽车经营者"应当"使用纯电动车辆开展业务。

2017年7月,深圳市财政委员会、深圳市发展和改革委员会关于印发《深圳市2017年新能源汽车推广应用财政支持政策的通知》,提出:扩大新能源共享汽车、网约车应用规模,研究制定科学合理的投放奖励机制,推动共享汽车、网约车于2020年底前全部实现纯电动化。

④广州市。2017年11月,广州市发布《广州市人民政府办公厅关于印发广州市新能源汽车发展工作方案(2017—2020年)的通知》,提出:有序推进新能源汽车租赁业务发展。进一步完善、规范汽车租赁行业管理,鼓励发展共享汽车服务,鼓励租赁领域优先采用新能源汽车。支持黄埔、番禺、南沙等有条件的地区开展新能源汽车共享试点工作,进一步完善公众出行体系。

⑤武汉市。2016年7月,武汉市发布《市人民政府关于印发2016年武汉市资源节约型和环境友好型社会建设综合配套改革试验工作要点的通知》,提出:落实有关优惠政策,在全市推广新能源汽车5000辆(标准车),逐步提高公交领域新能源车的比重,加快新能源车辆基础设施建设,推进武汉市纯电动汽车、共享汽车项目。

2017年8月,武汉市发布《市人民政府关于加快新能源汽车推广应用若干政策的通知》,其中第七条指出:鼓励从事新能源汽车运营或者租赁服务的企业在武汉设立总部。对于运营平台和数据中心设在武汉,并且采取网约车和共享汽车模式运营新能源汽车的经营性企业,按照总部经济有关政策给予其支持。

2017年11月,武汉市发布《市人民政府关于印发武汉市新能源汽车推广应用和产业化工作实施方案(2017—2020年)的通知》。以汽车产业转型发展为导向,以新能源汽车推广应用为抓手,以充电基础设施建设为重点,以共享汽车等商业模式创新为载体,全面推动新能源汽车产业化发展,力争将我市建设成为全国领先的新能源汽车推广应用和产业化发展基地。创新新能源汽车商业运营模式,积极构建以新能源汽车商业模式创新带动产业化发展的生态系统,支持新能源汽车采取网约车和共享汽车等服务模式的创新发展,促使运营企业资源共享,建立共享汽车企业联盟,协作开发应用统一的共享汽车服务平台,实时提供网络预约服务。鼓励新能源汽车运营企业在武汉构建新能源汽车、网约车及共享汽车等运营平台和数据中心,推动运营企业在汉设立总部,将共享汽车服务模式向全省、全国乃至全球拓展。鼓励社会公共服务单位和部门租赁使用新能源汽车,从需求侧破解制约新能源汽车产业发展的瓶颈。

⑥江苏省及南京市。2016年4月,南京市印发《关于加快绿色低碳交通发展的实施意见》,提出:开展低碳积分奖励活动,推进清洁(新)能源汽车应用、充电站(桩)建设、共享汽车等。

2016年5月,南京市出台《南京市关于加快绿色循环低碳交通运输发展的实施意见》,积极发展循环公交、社区接驳等特色公共交通服务,鼓励汽车租赁企业使用新能源车辆提供共享汽车、异地还车等多元化汽车租赁出行服务。

2017年1月,江苏省发布《省政府办公厅关于印发江苏省"十三五"新能源汽车推广应用实施方案的通知》,明确积极鼓励投融资创新。在公共服务领域探索公交车、巡游出租车、公务用车的新能源汽车融资租赁运营模式,在个人使用领域探索共享汽车、车辆共享、整车租赁以及按揭购买新能源汽车等模式,及时总结推广科学有效的做法。

2017年9月,南京市印发《市政府办公厅关于印发南京市"十三五"新能源汽车推广应用实施方案的通知》,明确指出积极鼓励投融资创新。在公共服务领域探索公交车、公务用车、邮政及物流快递用车的新能源汽车融资租赁运营模式;在个人使用领域探索共享汽车、车辆共享、整车租赁以及按揭购买新能源汽车等模式,及时总结推广科学有效的做法。

2018年1月,南京市发布《南京市交通运输局科教处2017年工作总结及2018年工作计划》,出台2018年市级财政补贴实施细则,继续加大新能源乘用车补贴扶持力度,鼓励共享汽车新能源车推广应用。

⑦长沙市。2017年7月,由长沙市城乡规划局组织编制的《2016年长沙市道路交通运行评估报告》中明确提出:要注重环境保护,引导绿色出行理念,加强公共交通出行的宣传,根据环境质量报告及时制订私人机动车管制以及公交服务方案,推广自行车共享、汽车共享等绿色出行方式。

⑧成都市。2017年7月,成都市发布《成都市关于鼓励和规范新能源汽车共享汽车业发展的指导意见》。支持企业建设共享汽车服务网点和充电设施,到2018年底,全市服务网点达2500个,充电桩达一万个;到2020年底,全市服务网点达5000个,充电桩达两万个。

⑨重庆市。2017年1月,重庆市发布《重庆市人民政府办公厅关于加快新能源汽车推广应用的实施意见》。在公共服务领域探索融资租赁运营模式,在个人使用领域探索共享汽车、车辆共享、整车租赁以及按揭购买新能源汽车等模式。

⑩陕西省及西安市。2016年11月,陕西省发布《陕西省人民政府办公厅关于进一步加快新能源汽车推广应用的实施意见》,提出:积极引导创新商业模式,引导和支持社会资本进入新能源汽车整车租赁、充电设施建设和运营、电池租赁和回收等服务领域。在公共服务领域,鼓励公交车、出租车、公务用车等实施新能源汽车融资租赁运营模式;鼓励社会资本、国

有大型企事业单位投资新能源汽车旅游、客运等运营线路;探索鼓励引导预约出租车使用新能源汽车运营的相关政策和商业模式。在个人领域,鼓励推广以小时计费、随取即用的新能源汽车共享汽车等运营模式。鼓励银行业金融机构、汽车金融公司创新金融产品,满足新能源汽车生产、经营、消费等各环节融资需求。

2017年3月,西安市印发《西安市人民政府办公厅关于印发进一步加快新能源汽车推广应用的实施方案的通知》,在第八部分"创新新能源汽车推广模式"中指出:引导和鼓励社会资本进入新能源汽车整车租赁、充电设施建设和运营、电池租赁和回收等服务领域。鼓励在公共交通服务领域实施融资租赁营运模式。在社会领域积极推广新能源汽车共享汽车等运营模式。鼓励大型专业充电站采用PPP合作模式进行建设和运营。鼓励社会资本投资电池租赁和回收服务领域。鼓励银行业金融机构、汽车金融公司创新金融产品,满足新能源汽车生产、经营、消费等各环节融资需求。

6.2.1.2 国家和地方从押金和信用方面对行业进行监管规范

(1)国家层面。

2019年,交通运输部、人民银行、国家发展和改革委员会、公安部、市场监督管理总局和银保监会联合出台了《交通运输新业态用户资金管理办法(试行)》,明确提出:用户押金"专用账户存管、专款专用"等要求,进一步强化用户资金管理,并规定汽车共享汽车的单份押金金额不得超过运营车辆平均单车成本价格的2%。

(2)地方政策。

①广州市。

2017年5月,广州市发布《广州市共享汽车(分时租赁)行业服务规范(试行)》《广州市共享汽车(分时租赁)"不良信用"管理制度(试行)》,规定广州共享汽车平台将实现"不良信用共享",同时对用车安全、计费方式、规范停放等问题作出了规定。

②杭州市。

2017年5月,杭州市城乡建设委员会印发《杭州市新能源电动汽车公用充电桩运营管理暂行办法》,其中:

第十四条 新能源电动汽车专车、共享汽车公司应建立健全安全、规范使用充电设施的教育培训机制,从业人员需经培训考核合格后方可上岗。同时,要将从业人员遵守停车场(库)管理及规范使用充电设施情况纳入绩效考核。

第十五条 市建委员会同各公用充电桩建设运营企业、新能源电动汽车专车和共享汽车公司建立公用充电桩使用管理信息共享机制,加强协作并提升监管效能,保障充电设施有序运营。

③长沙市。

2017年7月,长沙市政府发布《长沙市电动汽车充电基础设施专项规划(2017—2020年)》,提出到2020年,长沙计划在全市建设114座充电和替换电站,届时有望满足83000辆电动汽车充电需求。长沙将分别推进公交充电桩、出租车专用充电桩、物流与环卫专用充电桩、公共充电桩、用户专用充电桩等协调有序发展,形成统一开放、竞争有序的充电服务市场,制订相应的配置方案。由此可见,长沙市政府已经注意到共享汽车市场发展面临的巨大困境:车多桩少,充电设施不能通用,电动汽车充电不太方便,并且希望通过整个电动汽车市场的充电规划和建设,有效缓解共享汽车充电站点稀缺的问题。

2019年5月1日起,长沙首部关于文明行为促进方面的专项法规《长沙市文明行为促进条例(草案)》正式实施。其中第三十条规定:违反本条例第十二条第六项规定,互联网车辆租赁运营企业向社会投放共享交通工具未有效履行管理职责,影响道路交通秩序的,由城市管理综合执法机关责令改正,可以处二千元以上五千元以下罚款。

6.2.2 用户情况与汽车产业转型发展为共享汽车行业发展提供支撑

6.2.2.1 用户情况

(1)有证无车人群数量增加成为潜在用户。

城市限牌、限行政策成为各地政府缓解城市拥堵的有效工具,截至目前,我国已有北京、郑州等19个城市实施车辆限行政策,同时还有北京、上海、深圳、广州、天津、石家庄、贵阳以及杭州8座城市实施限牌政策。

有证无车群体维持较高数量。2019年我国汽车保有量1.90亿,汽车驾驶人3.97亿,有证无车人数有2.07亿;2020年,我国汽车保有量2.44亿,汽车驾驶人4.18亿,有证无车人数有1.74亿。但我国汽车销量却在不断下降,驾驶人数量仍然保持增长,同时,各地限牌和限行政策的持续影响,为共享汽车市场提供了规模化用户基础。

(2)平台月活用户重新增长。

根据现有公开数据可知,我国共享汽车平台活跃用户数量在2019年2月至5月重新实现增长。GoFun出行和EVcard活跃用户和行业渗透率领先优势明显,截至2019年5月,GoFun出行的活跃人数是169.94万,EVcard活跃用户数是102.59万。

2020年,受新冠肺炎疫情影响,用户出行需求减少,共享汽车行业月活用户量明显下降。极光大数据研究显示,从2019年9月,月活用户规模达到554万下降至2020年2月和3月的300万左右。随着新冠肺炎疫情得到控制,2020年4月共享汽车活跃用户规模有所回升,达到368万。

(3)平台用户忠诚度有所提升。

根据公开数据分析,我国共享汽车平台用户忠诚度有所增加,平台用户使用总时长在新冠肺炎疫情前实现了较好增长。2019年人均月度使用时长达到1.67小时。人均单日使用时长EVcard、微公交出行、摩范出行位居前三,使用时长分别为14.16分钟、14.12分钟、13.12分钟。

(4)平台用户特征男性居多,主要分布在一线城市。

根据公开数据显示,对比2018年、2019年和2020年的共享汽车用户,可发现其特征如下。从用户性别看,男性用户数量大,占比超过七成。从用户年龄分布看:26~35岁人群是主力消费群体,占比超过六成,该类群体多是80后、90后,此类用户有一定经济实力,且对车辆有一定需求,同时关注车辆经济、外观、性能、空间、安全、新技术;18~25岁用户比例大幅提升,占比超过三成,这些年轻用户正在成为潜在的购车用户。从城市布局方面看,共享汽车用户逐步向三线及以下城市下沉,用户覆盖范围逐步扩大。

(5)平台用户使用偏好。

根据公开数据显示,我国共享汽车用户的出行目的主要是出游、娱乐、通勤。出行场景多为商场、中心商务区、旅游地区。超过一半用户对共享汽车满意度高。未来用户认为,平台应增加网点数量,降低押金门槛或押金金额。

6.2.2.2 汽车产业转型发展

(1)新能源汽车为共享汽车提供发展机遇。

据中国汽车工业协会统计数据显示,2019年我国全年纯电动汽车产销量分别完成102万辆和97.2万辆,产量同比增长3.4%,销量同比下降1.2%。2020年我国全年纯电动汽车产销量累计分别完成110.5万辆和111.5万辆,同比分别增长8.3%和14.7%。新能源汽车产业的蓬勃发展为共享汽车领域提供了良好的发展机遇,车企的加入降低了共享汽车的车辆成本。新能源汽车产业的发展,更有利于共享汽车的全面发展。

(2)传统汽车产业转型。

随着新一代信息通信、大数据、人工智能、新材料和新能源等技术发展,在"新四化"理念的引领下,汽车产业正从交通工具转变为大型移动智能终端、储能单元和数字空间;科技巨头和新技术创业公司陆续加入汽车产业,成为造车新势力,国外如特斯拉,国内如蔚来、小鹏、理想等。"新四化"理念具体内容解释如下。

①网联化(Connected Car):指汽车搭载先进的车载传感器等装置,并融合现代通信与网络技术,实现V2X智能信息交换共享。在C-V2X应用方面,我国初步构建了"5+2"车联网示范区格局。

②智能化(Autonomous):智能驾驶和无人驾驶是智能化的两大核心,根据HIS Markit的预测,到2030年,全球L4/L5自动驾驶渗透率达15%,L1~L5自动驾驶总渗透率达65%~70%。

③共享化(Sharing):共享化指的是高效率需求匹配和调度的出行服务系统,需要基于网联化和无人驾驶技术的发展。

④电动化(Electricity):电动化指的是车型动力系统全面向新能源体系转变,中国新能源汽车产业从培育期走向成长期,形成宁德时代和比亚迪等在关键领域有竞争优势的本土企业。

出行即服务的时代已经来到,汽车产业链价值分布的变化引起行业价值的再分配,价值重心向汽车售后和出行服务等服务端倾斜,共享平台将会成为价值再分配的中枢。传统汽车产业链以产品为导向,零部件厂商围绕整车厂服务,消费者需要自行对接汽车销售和用车的各项服务,并最终自行处理汽车回收的问题。新汽车产业生态以服务为导向,汽车管理+出行服务商成为产业核心;汽车设计制造环节采用标准化和模块化;在汽车消费环节,消费者可以选择购买汽车或出行服务。未来,汽车将定位为移动硬件空间,产生更多个性化定制的消费需求。

(3)新汽车业态。

构建汽车产业互联网,实现全产业链的智能互联和数据共享,是形成服务价值导向的新汽车生态网络的核心要素。新型汽车服务平台将成为紧密连接汽车生产和消费两端的重要节点,达成从汽车产品设计、生产、使用到回收的汽车全生命周期互联、互通协同管理的目标。未来,汽车将不再是交通工具,而是出行服务的环节。

相关研究表明,在中国,汽车作为身份象征的价值观念正在变化,接近五成用户认为车是工具不再是地位和身份象征。购车使用成本不断增加,用户消费行为习惯由购买拥有车辆逐渐向购买出行服务转变。购车成本包括直接购买成本、间接成本和社会成本。

直接购买成本指购车费、税费、保险、加油充电、维修维护、停车、过路和各种检验等费用;间接成本指汽车购买和使用过程中的各种时间耗费成本、信息不对称和缺乏议价能力造成的各种商务损失;社会成本指汽车资源限制造成的资源、能源、环境、土地和城市基础设施额外支出。

(4) 动力蓄电池成本降幅明显。

蓄电池成本以年均超过20%的速度降低。蓄电池成本占电动车整车成本的30%~50%,蓄电池成本的降低将明显降低车辆成本。预计到2025年,电动车总体拥有成本会低于燃油车。随着电池技术的进步,推动蓄电池成本的降低和电动车续航里程的增加。高续航减轻了用户的里程焦虑,同时有助于共享汽车车辆成本和运营成本的优化。

(5) 公共充电桩发展迅速。

中国公共充电桩显著增加,优化了电动车的使用成本和体验。2020年12月,我国公共充电桩已增长至80.7万个,同比增加37.9%。根据公安部发布的最新数据,截至2020年底,全国新能源汽车保有量达492万辆,若按照这一数据计算,车桩比约为3:1。截至2020年12月,全国充电运营企业所运营充电桩数量超过1万台的共有9家,分别为:特来电运营20.7万台、星星充电运营20.5万台、国家电网运营18.1万台、云快充运营5.7万台、依威能源运营2.6万台、上汽安悦运营2万台、深圳车电网运营1.5万台、中国普天运营1.5万台、万马爱充运营1.3万台。这九家运营商占总量的91.6%,其余的运营商占总量的8.4%。

我国已建立起覆盖19个省份的"九横九纵两环"高速快充网络。我国在省与省之间、城与城之间的高速公路上也建造大量充电桩,以满足电动汽车跨城出行需要。

6.2.3 共享汽车平台出行两极分化,传统分时租赁向出行服务转变

6.2.3.1 共享出行平台两极化

在融资环境紧张的2019年,共享汽车加速进入精细化运营阶段。一方面,扩张过快或经营不善的共享汽车平台面临网点收缩、用户体验差、押金难退等问题,部分平台逐渐退出公众视野;另一方面,头部平台GoFun出行已经跳出共享汽车单体赛道,投入赋能汽车产业链新模式,相比起同时期的共享汽车企业,共享汽车只是GoFun的业务基础,行业发展的两极分化愈加显著。

2019年共享汽车行业发展动态:

1月,PonyCar下架广州地区不合规车辆;

2月,黑猫投诉,多名用户反映立刻出行退押金难的问题;

7月,Car2go宣布退出中国市场;

10月,GoFun出行宣布全国多个城市已经实现盈利。

2020年4月,盼达汽车与运营车辆提供方力帆乘用车的赔偿问题开庭审理。

6.2.3.2 平台由1.0阶段向2.0阶段转变

在共享汽车1.0阶段,运营能力决定共享汽车平台能走多远。运营能力主要指服务运营能力和资源调配能力,包含网点建设、车辆调度、车辆巡检、停车管理等。

(1) 传统共享汽车模式:资产重、收入来源单一。

传统共享汽车产业模式是共享汽车以汽车租赁的方式为用户提供出行服务;共享汽车运营商需要解决车、牌、停车网点、加油/充电、车辆维护、汽车保险等问题,而收入主要来自用户的汽车租金,这样重资产和重运营的商业模式让平台运营压力陡增,现金流紧张。

(2) 未来共享汽车平台向管理和出行服务转变。

共享汽车2.0阶段,共享汽车平台将成为掌握车辆运营管理的技术、数据和能力的平台化科技公司,盘活用户端的汽车资产的价值,向制造、销售、售后、二手车等全产业链赋能。

在5G、车联网、自动驾驶、区块链、大数据分析等技术的加持下,共享汽车平台将与汽车产业链上下游共建汽车产业互联网,成为连接汽车与用户的重要一环,大大提升产业链的服务效率。

6.2.3.3 平台业务由分时向全时延伸

平台企业开放长租服务时间限制,租期从以"季"为单位向以"年"为单位进一步延伸,满足用户更加灵活的长期租车需求,提升闲置车辆的出租率。如EVcard新增年租方式,用户在提交需求时可预设租期在1年以上、2年以上或者3年以上,省去长周期用车需求下"月租/季租"模式带来的频繁续租,同时,方便平台更好地为长租人群匹配更优质的服务。

共享汽车行业是数据分析密集型行业,从共享车辆停车网点的分布设置与需求人群的匹配,到驾车行为、车况监控和行车记录等环节,均要求有强大的信息处理能力和系统解决方案,这些能力和方案是共享汽车2.0网联化、数字化和智能化的进程的技术支持基础。目前,最常用的有以下八种技术:供需匹配技术、驾驶行为分析技术、人脸识别技术、车况监控技术、行车记录技术、语音识别技术、自动驾驶技术、区块链技术。

6.3 共享汽车行业面临的挑战

6.3.1 共享汽车公司运行模式单一

目前,我国市场上共享汽车公司运行模式单一,运营成本过高,主要是重资产、重运营的模式。为了抢占市场,各大平台布局过程中基本处于投入大于产出阶段,即便有财政补贴等优惠政策,由于投入资产(购车费、基建费、运营费)过于庞大,投放车辆少、服务跟不上,难以实现盈利。重资产、重运营模式下很难像共享单车那样形成规模化运营。长时间无法盈利,企业平台将会存在破产风险。

共享汽车向消费者提供的是汽车的使用权。不同驾驶人开车习惯不同,且对车辆不够熟悉,往往会在使用过程中发生剐蹭等事故。交管部门无法在没有明确法规的条件下对交通事故进行清晰的处理。目前,现有法规许多细则并不适用于共享汽车,无法继续发挥有效的监管作用。

6.3.2 共享汽车行业配套基础设施建设规模较为薄弱

当前,从事共享汽车的企业车辆拥有量差别较大,共享汽车企业网点规模整体数量少,分布不均匀,呈现区域集中现状,车辆充电凭借公司调度人员在网点附近的公共充电桩排队充电,这主要是相关配套的基础充电设施不足,也给共享汽车运营带来一定的成本。整体来看,企业间在车辆拥有量、网点数量以及充电桩数量等方面存在明显差异,共享汽车行业基础设施建设规模较为薄弱,是制约共享汽车行业现阶段快速发展的主要因素。

6.3.3 共享汽车采用"点到点"的运营模式,不够灵活

目前,共享汽车主要采用"点到点"的运营模式,某平台乘客在乘车点 A 进行扫码使用车辆,当归还时必须归还至该平台指定的停车点,此停车点可以是 A(原停车点不收取调用费用),也可以是停车点 B(距离较远可能收取调车费用),确认后完成支付锁好车辆,无法随意停在路边停车位或者停车场。这种运行模式是便于共享汽车平台对车辆调度、充电、管理,降低了一定的管理成本,但是增加了消费者使用成本。这也类似于有桩自行车的运管模式,降低了消费者对整体服务的预期,不能满足消费者灵活使用的需求。

6.4 共享汽车行业未来发展趋势

6.4.1 共享汽车发展模式

共享汽车行业三段式发展,变现新能源汽车产能,升级智能技术,构建绿色智慧城市。共享汽车服务社会意义较大,任重道远,行业的发展主要分为三步。

(1)第一阶段:变现产能、指导生产。

共享汽车平台与新能源汽车生产商达成协同合作,批量购置新能源汽车,可有效降低成本。出行者对共享汽车的功能需求与对私家车的功能需求不同,因此,共享汽车平台将出行者对车辆使用过程中的用户体验、用户需求、用户建议等反馈给汽车生产商,从而能够有效、科学指导新一代新能源汽车的生产研发。

(2)第二阶段:升级技术、提升效率。

随着新能源汽车续航里程的不断扩大和安全性的不断提高,共享汽车能够满足更多的长途出行需求。同时,智能驾驶、车路协同、大数据处理等技术改造与升级,实现了共享汽车自动租还功能、提供出行者服务体验,同时降低了车辆调度成本、提高了车辆利用率。

(3)第三阶段:建造绿色智慧城市。

共享汽车作为城市公共交通系统的高服务水平补充出行方式,被城市出行者普遍接受。通过提升共享汽车使用意愿、接受度,降低私人小汽车购买意愿,可从一定程度上缓解和改善汽车保有量过高造成的城市拥堵、环境污染、停车位欠缺等城市问题,为构建绿色智慧城市打下扎实基础。

6.4.2 共享汽车发展规模

共享汽车行业从一线城市逐步向城市郊区、二三线城市、旅游城市下沉,规模稳步扩展。

目前,共享汽车行业虽然出现两极分化,部分头部企业占领市场,但整体规模仍然偏小,网点布局不足,难以满足用户的期望,无法发挥共享汽车快捷便利的好处。然而,由于一线城市受相关政策制约,整体规模难以迅速扩大,企业之间的竞争导致资源分散,难以提供良

好的共享汽车体验。如企业之间能够形成良好合作或者联盟,共享汽车,势必达到共赢效果。现在,二级及以下城市和旅游城市政策制约较少,资本进入容易,通过深化业务形式,开辟丰富的使用场景,可以寻求新的增长点。

6.4.3 数据资产和数据运营能力将会成为共享汽车行业发展的关键

随着共享汽车平台的不断运营,将会沉淀大量的用户数据以及丰富的维度。数据资产也将会成为共享汽车平台发展的关键。建立车辆信息库,及时更新车辆数据状况,联合用户的信用信息,能够有效规范用户使用行为,提升车辆运营状态;分析历史车辆的使用习惯数据,也能掌握车辆存在的风险和发现使用过程中的安全隐患,提高用户用车安全。同时,与其他维度数据,如用户停车数据、商场消费数据,进一步对用户进行画像,向用户提供一体化的出行服务,实现新业务的产生。

6.4.4 信息安全成为行业关注焦点,提升车辆信息安全成为共识

随着共享汽车平台发挥作用,车辆已经打破原有信息孤立形态,业务之间的信息往来将会存在一定安全隐患,信息安全问题受到前所未有的关注。共享汽车平台企业应警惕传统信息安全技术在互联网中的局限,毕竟车辆行驶过程中遇到信息安全问题将会对驾驶人产生生命威胁。应加快引入区块链技术,完善用户身份验证、用户信用体系、数据共享、隐私保护等方面的解决方案,实现不同业务部门不同角色之间信息互联互通和共享。

6.4.5 降低成本提升效率是当前平台实现盈利的关键

电动车总体拥有成本在 2025 年将低于燃油车,共享汽车车辆成本将持续降低。受益于电车价格的持续降低、电能成本优势以及购置税、双积分等方面的因素,电动车即将在共享汽车场景展现出成本优势。

(1)停车位、充电桩、车辆牌照将成为共享汽车平台企业的竞争壁垒。

停车位、充电桩、车辆牌照三大资源因其有限性将成为共享汽车企业有力的市场竞争壁垒,企业应与政府合作,加强沟通,与物业公司共享停车企业合作建立充电桩等设施,提高停车网点和充电桩密度。

(2)提高运营能力,降低运营成本。

共享汽车服务用户过程中涉及多个环节,如车辆调度、停车管理、保险理赔、道路救援、清洁服务等。行业内企业将加强各环节参与配合,完善第三方合作机制,提高运营能力,降低整体运营成本。

(3)技术创新、深挖多源服务。

与主机厂合作,车辆需求定制化,提高续航里程,减少充电时间,满足更加长途的出行需求。通过大数据进一步提升运营效率,降低运营成本。通过智能驾驶实现停车场找车、自动倒车、自动停车,降低停车环节中的安全隐患。同时,为用户提供不同价位车型,满足不同消费群体需求,丰富不同使用场景,提升用户的体验感。

第7章 智能网联技术发展

7.1 智能网联技术发展历程

智能交通系统的目的是高效率地使用道路和车辆。在同样的道路上想要增大交通流量,就要提高车速和减小车间距。这些指标提高到一定程度时,人的操纵能力不能满足安全性要求。因此,降低驾驶的劳动强度和复杂性也是汽车技术追求的目标。控制目标由以往的提高机械性能发展为辅助转变为或部分取代或全部取代人的操纵,以此达到减少由于人的局限性造成的事故、减轻驾驶强度、提高交通效率、降低污染的目标。

智能驾驶技术的发展,不仅将改变多年来人类驾驶车辆的行为习惯,更重要的是将在交通安全、运输成本、用车效率和空气污染等方面推动整体社会的发展和进步,是一场由工业领域和交通领域共同拉动的产业革命。在智能驾驶和未来智慧交通的影响下,整体交通运输的方式将朝向安全、高效、绿色的方向不断转变;道路空间、运输成本、人力需求将不断释放,转而产生更大的社会效益。智能驾驶采用不同类型的传感器,实现车辆对周边道路、行人、障碍物、路侧单元及其他车辆的感知,在不同程度上实现车辆安全、自主、智能驾驶,是人工智能在汽车领域融合的重要方向。实现驾驶自动化的硬件和软件所共同组成的系统被称为驾驶自动化系统(下文简称"系统")。目前,智能驾驶技术主要包括辅助预警、辅助驾驶和自动驾驶。

7.1.1 智能驾驶等级定义

2021年8月20日,由工业和信息化部提出、全国汽车标准化技术委员会归口的《汽车驾驶自动化分级》(GB/T 40429—2021)由国家市场监督管理总局、国家标准化管理委员会批准发布,于2022年3月1日起实施。该标准为我国智能网联汽车标准体系后续相关法律、法规以及强制类标准的出台提供支撑。在《汽车驾驶自动化分级》(GB/T 40429—2021)中,智能网联汽车分为0-5等级:L0级别系统仅提供预警类功能,车辆控制完全由驾驶员掌控,因此,属于辅助预警。L1~L2级别系统可接管少部分的、不连续的车辆控制任务,属于高级别辅助驾驶系统(Advanced Driving Assistance System,简称"ADAS"或"辅助驾驶")。而L3~L5级别系统可以在激活后的一定情况下执行连续性驾驶任务,因此,属于自动驾驶范围。但由于技术、法规、政策、标准和道德伦理等问题,L5级别的完全自动驾驶短中期的可行性较低,因此,L4为目前可行性较高且落地性较强的高级别自动驾驶等级。

在责任判定方面,L2及以下级别辅助驾驶仅仅给驾驶员提供辅助功能,驾驶员仍为责任主体;L3及以上自动驾驶在开启自动驾驶状态下出现的事故,应确定驾驶人、生产商、汽车所有人或系统开发单位责任;而目前辅助驾驶功能仅在特定情况下代替人类驾驶,在遇紧急情况时需要人类及时接管,因此,在权责认定、法律法规和产品形态方面仍然存在一定争议。

7.1.2 相关政策及背景

7.1.2.1 政策法规

自 2015 年《智能制造 2025》政策出台后,我国先后制定了一系列推动智能驾驶汽车、智能网联汽车发展的鼓励政策。其中,《车联网(智能网联汽车)产业发展行动计划》指出行动目标,到 2020 年车联网用户渗透率达到 30% 以上,新车驾驶辅助系统(L2)搭载率达到 30% 以上,网联车载信息服务终端的新车装配率达到 60% 以上。政策的频频出台,展现了我国对于智能驾驶行业及相关企业的重视和支持,为我国智能驾驶相关产业的发展提供了良好的政策支持和相关保障,也有助于整体汽车行业智能化的转型升级。国内各省促进智能网联交通发展的相关政策汇总见表 7-1。

促进智能网联交通发展相关政策   表 7-1

省(直辖市)	发布时间	政策名称	重点内容
江苏	2020 年 4 月	《关于加快新型信息基础设施建设扩大信息消费的若干政策措施》	完善交通出行综合信息服务体系。实现信息查询、出行规划、智能诱导、智慧停车等个性化服务,组织省内重点软件企业研发智慧交通产品,实施智慧交通示范工程
江苏	2021 年 3 月	《江苏省国民经济和社会发展第十四个五年规划和二〇三五年远景目标纲要》	推动老旧小区精细化改造,补齐停车等公共基础设施和功能配套短板。发挥物联网赋能智慧交通功能,加快智能终端推广应用
浙江	2018 年 2 月	《浙江省综合交通产业发展规划》	构建网络化共享停车系统,积极推广共享停车新模式;培育形成智慧交通等一批新业态
浙江	2021 年 2 月	《浙江省国民经济和社会发展第十四个五年规划和二〇三五年远景目标纲要》	完善停车场、旅游集散中心等基础设施,提升综合服务水平;加大城区停车位建设力度;开展交通公共场所智慧化服务提升行动,提高公众智慧出行服务体验
浙江	2021 年 5 月	《浙江省新型城镇化发展"十四五"规划》	积极培育智慧商圈,优化商业网点规划布局;推进智慧交通等建设;加强智慧停车等现代化交通设施建设
福建	2021 年 3 月	《福建省国民经济和社会发展第十四个五年规划和二〇三五年远景目标纲要》	提供智慧便捷公共服务,加强城市"神经元"感知系统建设,提供城镇交通等智慧应用服务;加快建设"智慧+立体"停车场,建设大型"P+R"换乘停车场,新增公共停车泊位 8 万个
福建	2021 年 5 月	《福建省加强城市地下市政基础设施建设工作方案》	积极推动地下停车场、立体停车库等设施建设,鼓励充分利用公园、绿地等公共区域地下空间建设停车场,到 2025 年全省新增 8 万个公共停车泊位,设区市投用智慧停车系统

续上表

省(直辖市)	发布时间	政策名称	重点内容
北京	2021年1月	《北京市2021年办好重要民生实事项目分工方案》	推进停车设施有偿错时共享,推广智慧停车;利用人防地下空间提供5000个停车位,进一步缓解"停车难"问题
北京	2021年3月	《北京市国民经济和社会发展第十四个五年规划和二〇三五年远景目标纲要》	推动实施停车设施补短板、智能交通能力建设等工程;保持城市道路、停车设施等交通基础设施领域较高强度的投资;在中心城区探索利用公园绿地等公共空间建设地下停车场
广东	2020年7月	《关于加强和改进全省城市停车管理工作的指导意见》	建设城市智慧停车工程;开展停车设施普查,建立停车泊位编码制度,充分利用省政务服务大数据中心建设成果,建设城市停车泊位主题数据库,制作以"粤政图"平台底图为基础的城市停车泊位"一张图"
广东	2021年4月	《广东省国民经济和社会发展第十四个五年规划和二〇三五年远景目标纲要》	打造新型智慧城市;推进智能交通灯、智能潮汐车道、智能停车引导、智慧立体停车等智慧治堵措施广泛应用;实施智能化市政基础设施建设和改造,加快推进智慧社区建设
上海	2021年1月	《上海市国民经济和社会发展第十四个五年规划和二〇三五年远景目标纲要》	完善公共停车信息平台功能,利用信息化服务提高泊位利用效率,实现商业综合体移动端停车信息服务全覆盖;深化智慧交通发展,构建交通智能感知信息网络
上海	2021年6月	《上海市综合交通发展"十四五"规划》	挖掘停车资源,缓解老城区停车矛盾,推进新城公共停车场建设,构建规模适宜、布局完善、结构合理的停车设施系统;促进停车产业化和智慧停车融合发展,引导一批行业领先企业落地实践先进技术;推动停车设施新技术试点应用,做好跟踪评估和拓展推广
江西	2021年2月	《江西省国民经济和社会发展第十四个五年规划和二〇三五年远景目标纲要》	加快公路、铁路、水路、民航、邮政等基础设施智能化升级,重点推进南昌、赣州等地智慧出行及公共交通智能化应用、基于5G的车路协同智慧物流示范区、智慧停车示范、自动驾驶开放测试道路场景项目
江西	2021年9月	《江西省"十四五"消费升级发展规划》	开展完整居住社区建设,因地制宜改善社区市政基础设施和公共服务设施;统筹推进智能停车等社区生活服务设施建设,推动"互联网+社区"公共服务平台建设

续上表

省(直辖市)	发布时间	政策名称	重点内容
四川	2020年9月	《关于全面推进城镇老旧小区改造工作的实施意见》	满足居民生活便利需要和改善型生活需求,改造或建设小区及周边的无障碍、适老、停车泊位及停车库(场)等配套设施及结合停车库(场)配套建设防空地下室
四川	2021年3月	《四川省国民经济和社会发展第十四个五年规划和二〇三五年远景目标纲要》	促进公共服务数字化便捷化,建立健全适应数字化公共服务供给体制机制,提高公共资源配置效率和管理能力;加快公共交通等便民服务设施数字化改造
云南	2021年2月	《云南省国民经济和社会发展第十四个五年规划和二〇三五年远景目标纲要》	大力倡导绿色出行,着力解决城市行车、停车、排涝等功能性短板,鼓励社会资本投资参与城市更新行动;促进信息技术应用市场化服务为重点,加快发展智慧交通等智慧化服务体系,加快建设数字社区、数字小镇、数字乡村
云南	2021年6月	《云南省智慧交通行动计划(2021—2022)》	推进昆明城市数字交通大数据平台、应用系统和一站式数字出行服务平台建设,打造基于城市智能交通系统的"城市大脑";实施智慧停车试点项目,加快推进智慧停车云平台建设
安徽	2020年9月	《关于促进线上经济发展的意见》	鼓励建设智慧景区,推广应用电子门票、智能导游、电子讲解、智慧停车等服务
安徽	2021年4月	《安徽省国民经济和社会发展第十四个五年规划和二〇三五年远景目标纲要》	推行智慧出行等数字化服务;推广人脸识别、智能车库等智慧物业应用;推进智慧社区建设,每年选取10~20个社区进行智慧社区试点

7.1.2.2 相关标准制定

我国智能驾驶标准化工作正在有序开展,对系统功能、性能要求和检测办法等进行不断规范,为我国智能驾驶产业的规模化与高质量发展提供了基础。除《汽车驾驶自动化分级》(GB/T 40429—2021)外,《智能网联汽车自动驾驶数据记录系统》《汽车整车信息安全技术要求》和《汽车软件升级通用技术要求》三项国家强制性标准已发布立项公示;标准的出台标志着我国智能驾驶标准的逐渐完善,也意味着智能驾驶行业的逐渐成熟与规范,同时,也为智能驾驶技术的商业化落地提供重要的先决条件。

7.1.2.3 技术支持

电子电气构架的演进为智能驾驶能力提升提供坚实基础。随着智能驾驶功能不断增多,信息传输量不断增加,传统的分布式构架难以满足多个零部件和ECU之间的协同,域/

跨域集中式架构逐渐成为智能驾驶汽车的主流,可赋予汽车更复杂的智能驾驶功能和更便捷的 OTA 升级,极大程度上促进智能网联汽车的发展。

7.1.3 我国智能驾驶行业发展现状

(1) L2 级辅助驾驶稳步发展,L3 级辅助驾驶布局逐渐铺开。

我国各大主机厂量产车辆的辅助驾驶等级大多为 L1 或 L2 等级,目前 L3 等级的辅助驾驶相关产业链已经基本铺开,各厂商的辅助驾驶技术也逐步向 L3 级发展,甚至一些高科技公司直接研发 L4 级别的辅助驾驶,辅助驾驶对于降低事故率,提高交通安全能力具有很重要的创新意义。

根据工业和信息化部数据显示,2021 年,我国新能源汽车销售完成 352.1 万辆,同比增长 1.6 倍,连续 7 年位居全球第一,搭载组合辅助驾驶系统的乘用车新车市场占比达到 20%。汽车行业内逐步运用大量算法、传感器,这是自动驾驶技术发展的主要技术支撑,先进的计算机、人工智能技术在自动驾驶技术中得到不断应用,表现出极佳的行业前景。

(2) 国内外产业链逐渐成熟,上下游产业版图逐步演化。

智能驾驶产业链当中上游产业主要由传感器、芯片、算法、高精度地图等组成。中国是目前世界上消费芯片最多的国家,每年的芯片进口额已超过了石油的进口额。虽然中国芯片行业也已经小有成就,但在世界上还是处于落后的水平,当前一大批以华为为代表的优秀企业在不断发力,研发芯片行业相关的关键技术,争夺国际市场份额。在"十四五"期间我国的芯片行业将会有更大的发展。这给我国智能驾驶行业的发展打了一针强心剂,一大批科创企业也在积极解决智能驾驶技术产业链上游的其他问题并取得一定成就,国产自主化进程不断加快。处于中游的主机厂通过自主研发或合作研发的方式不断开发智能驾驶产品并制定研发计划。

智能驾驶技术在现实生活中应用广泛,我国物流行业、餐饮配送行业体量庞大,其余衍生出的服务业例如智能港口、智慧矿山等在产业链中的地位也变得愈加重要,智能驾驶技术带来的人力成本的节约和工作效能的提高会帮助下游企业提高核心竞争力。

(3) 城区辅助驾驶功能加快应用。

城区辅助驾驶一直是智能驾驶技术上的一个难点,因为城区路况更加复杂,遇到的特殊情况相比国道和高速公路也更多,但是城区的车辆密度和用车需求都是极大的,随着汽车智能驾驶水平的不断提高,ADAS 功能渗透率不断上升,由于城区场景的复杂度较高和目前的法规、技术和落地等问题,专门为城区场景开发的 ADAS 功能较少。当前,市场中"城市领航辅助驾驶"的概念越来越清晰明确,随着雷达、传感器、摄像头、定位技术的发展,各家厂商推出的城市领航辅助产品如百度 ANP、特斯拉 NOA、小鹏 NGP 和蔚来 NOP 等表现也各有亮眼之处。

(4) 高速公路或其他快速路辅助驾驶装机量有望提升。

高速场景的封闭性和较低的路况复杂性使得驾驶人更加愿意使用辅助驾驶功能,消费者接受度较高,实用性较强,因此,目前高速场景是辅助驾驶使用的主场,我国发达的高速公路网以及城市快速路网对辅助驾驶的装机量的提升有一定的促进作用。随着车联网技术的发展,结合辅助驾驶技术,我国高速路或其他快速路的通行效率会有很大的提高,与辅助驾驶技术的装机量形成相互促进的趋势。

(5)智能泊车技术逐步占有市场,成为新车标配。

当前,RVC 倒车影像逐渐成为新车标配,同时正在被 AVM 等功能不断侵蚀。自动泊车功能发展分为四步,分别是 APA、RPA、自学习泊车以及 AVP 代客泊车。当前发展阶段是由自学习泊车向 AVP 代客泊车发展,自动泊车系统的装机量在不断增加,其车型也逐步由高端车向低端车渗透。

智能泊车技术也得到了政策方面的支持,《新能源汽车产业发展规划(2021—2035 年)》中提出引导汽车生产企业和出行服务企业共建"一站式"服务平台,推进自主代客泊车技术发展及应用。

(6)智能矿山、安全矿山促使无人运输发展。

"智能矿山、安全矿山"的概念在我国能源领域早已被提出,矿用车行业在此基础上迎来了发展的环境阶段,"十四五"期间更是矿用车的黄金发展周期。国家陆续颁布了多项鼓励智慧矿山无人化的发展政策及规划,越来越多的自动驾驶企业进入矿用卡车无人驾驶赛道。自动驾驶矿用车可以减少人力资源成本,提高矿区生产作业安全性,改善矿区作业环境差的现状。智能矿山的特点是利用物联网传递平台信息,由少量技术人员远程指挥控制挖掘机、装载机、卡车等进行装卸,运输过程中可以实现车队协同控制、自动驾驶的生产作业要求。目前,国家能源集团、中煤集团、华能集团、包钢集团、大唐集团等生产企业都在积极探索智能矿山建设,仅中国矿区运输类无人驾驶市场规模和矿车无人化前后端改装的市场规模未来可多达数千亿元,一批以踏歌智行为主要代表的智能矿山车辆改装企业也应运而生。

(7)智能港口布局加快,海上运输发展潜力巨大。

"智能港口"的主要呈现形式有智能监管、智能服务、自动装卸。目前,自动驾驶集卡处于小规模试运营阶段,预计 2023 年将逐步实现大规模运营,从而助力港口的智能化建设。当前,我国天津港加速推进世界一流智慧港口建设,以智慧赋能港口迭代升级。2022 年 1 月 17 日,天津港港口自动驾驶示范区(二期)揭牌,天津港集团在无人驾驶电动集卡方面积极探索,将人工智能、车联网、5G 通信等技术引入港口运行当中,同时,在规章制度方面,细化港口自动驾驶规范标准,构建港口自动驾驶标准体系,完善港口自动驾驶安全管理办法。自动驾驶集卡的市场规模也将进一步扩大。

7.1.4 中国智能驾驶行业发展分析

7.1.4.1 行业发展特征

智能驾驶行业与汽车行业的发展情况类似,展现出以下三大特征。

(1)周期性。

汽车销售行业与经济的变化具有很大的相关联性,汽车市场的变化与经济的发展状况有着很大的正相关性,例如,2020 年新冠肺炎疫情蔓延期间,汽车销量下滑导致汽车行业的发展速度放缓,智能驾驶行业的增长速度也明显降低。因此,智能驾驶行业的发展、汽车行业的发展趋势均与宏观经济有着较大的关联度。

(2)季节性。

我国汽车销售的黄金期在 11 月 – 1 月,这与我国的气候条件以及社会人文有很大的关系。我国汽车销售存在明显的季节性消费特征,11、12、1月是全年销售最旺的季节,2月因春节影响遇冷,6至8月是传统销售淡季。智能驾驶应用在车辆上会有一定的提前量,因此,智能驾驶相关产业链的供应商会根据季节来调整自己的生产计划。

(3)地域性。

目前,我国汽车工业的集群化效应初步显现,基本形成了以东北、京津、中部、西南、长三角和珠三角为代表的六大汽车产业集群。智能驾驶的相关企业及其供应商也多集中于这些地区,例如,以江苏、浙江、上海为中心的长三角汽车产业集群,主要为新能源汽车产业,聚集了100多个年工业产值超过100亿元的产业园区。智能驾驶技术相关企业也在汽车产业集群附件集中布局。

7.1.4.2 智能驾驶的本质问题

(1)感知。

智能驾驶技术最重要的功能就是感知周边的环境,进行各类障碍物监测,障碍物包括各类车辆、行人、交通信号灯、交通基础设施等,汽车的感知系统利用传感器及V2X等技术获取相关信息,为第二步做出决策提供数据支撑。

(2)决策。

该过程是利用第一阶段环境分析与实时监测得到的各类数据,由系统结合存储的各类模型和算法做出决策,规划路径并提供解决方案,从而替代人类做出决策的目的,智能驾驶汽车与驾驶人一样可以不断进行学习优化,来修正系统当中存储的模型和应用场景,达到做出最合理的决策的目的。

(3)执行。

智能模拟驾驶人的各类动作,例如加速、转向、制动、车距保持、紧急避让、减速等动作,也就是通过某几种方式来达到安全抵达目的地的最终目的,这需要智能驾驶系统与车辆其他子系统有良好的衔接与配合。

7.1.4.3 系统构架

环境分析与实时监测是智能驾驶的第一环节。车辆通过各类基础设施包括各种传感器、雷达和摄像头系统等,对各类障碍物实时监测及分析,产生图片数据、视频数据、点云图像、电磁波等信息,去除噪点信息后利用不同类型数据形成冗余,同时提升感知精度。例如,谷歌的Waymo可以基于从LiDAR光束接收的数据,创建了周围环境的3D地图,识别移动和固定的物体,包括其他车辆、骑自行车的人、行人、交通信号灯和各种道路特征。不同的场景需要的传感器的配置及其数量是不同的,有针对性地选取合适的传感器和感知方案的组合,实现功能、效用和成本之间的最优解,也是未来可以进行研究的一个课题。

决策规划是智能驾驶构架的第二步。决策规划对于智能驾驶车辆性能起到决定性作用。根据周边环境预测周边物体在道路上的各类行为,例如,确定红绿灯的变化,识别红绿灯的剩余时间来确保可以顺利通过路口,同时,通过路面标线来判断是否需要调整车道,通过行人的状态预测其行为等。规划决策层会建立相应模型进行规划,保证车辆安全高效通过。

控制执行是智能驾驶的第三步。控制执行为实现智能驾驶的底层基础。智能驾驶汽车的各个执行系统需要同决策系统进行连接,随着电动车的发展,由于传统发动机的消失,传动、转向、制动的动力源与执行方式发生了根本性的转变,电动控制执行系统则是成为基本配置,该过程必须保证决策有效且安全,控制系统根据决策进行横向控制与纵向控制,通过线控执行系统操纵车辆,避免事故发生的同时保证驾驶的高效性、舒适性。

7.1.5 智能驾驶行业竞争优劣势分析

7.1.5.1 产业链各企业深化合作,驱动智能驾驶发展

当前,汽车智能化、网联化的趋势正在蔓延到汽车产业链相关的各类行业中,汽车主机厂也在不断加大相关投入来建立行业壁垒,部分主机厂在自研的同时会将 ACC、AEB、LKA 等较为标准化、技术较为成熟的功能交于一级供应商开发,还有一部分主机厂会将更多的功能例如 AVM、APA 等泊车功能交于一级供应商。供应商之间的关系在发生变化,发展智能驾驶需要人工智能、大数据、互联网、各类算法、芯片作为技术支撑,因此,也有部分主机厂商与这些技术相关的企业建立了直接联系,从而保证核心要素的供给,相当于跳过了一级供应商的环节直接与二级供应商合作,所以,互联网公司造车的热度在不断提升。因为产业链的结构发生了变化,不再是单一的链式结构,而是一个动态的网状结构,各个企业的专长得以实现最大的发挥。

7.1.5.2 智能驾驶企业核心竞争力来源

智能驾驶企业的核心竞争力来源主要有以下三点。在当前美国对我国多个产业"卡脖子"的现实基础上,保证核心力尤为重要。

(1) 硬件自研。

以比亚迪为代表的一大批发展智能驾驶的企业,在不断开展硬件的自研工作,自研硬件的研制可以使汽车厂商在数据传输方面建立良好的传输路径,节约研发时间和其他研发成本,增强感知数据融合效率,提高企业自动驾驶方案的有效性。

(2) 数据资源。

我国庞大的人口基数以及汽车保有量,为智能驾驶提供了大量有效的数据集,以对各类模型和算法进行机器学习训练,使其能够处理更多、更复杂工况下的驾驶任务。随着智能驾驶技术应用的不断加强,会逐步形成数据闭环,提高数据的利用效率,使模型和算法更加精确。这一思路对建设智慧城市也有极大帮助。

(3) 软硬件解耦。

在智能驾驶行业相关的软件工程当中,模块间有依赖关系必然存在耦合,理论上的绝对零耦合是做不到的,但可以通过一些现有的方法将耦合度降至最低,不至于牵一发而动全身。智能驾驶企业需提供接口清晰、兼容性强、经过大批量测试的可移植化方案,可适配大部分控制器、芯片和传感器的方案,解决组件之间不兼容及重复开发的问题。

7.1.5.3 智能驾驶企业行车功能的不断突破

相比于国外,国内发展 ADAS 较晚,但是,由于当前我国大力支持互联网、芯片、人工智能等产业的发展,国内多家厂商已经在 ADAS 上有了很大的突破,ADAS 已经成为我国发展最快的汽车应用领域之一,一大批初创企业中较具代表性的企业包括清智科技、极目智能、佑驾创新等融资情况良好,预计 2025 年中国 ADAS 行业市场规模将达到 2250 亿元。

7.1.5.4 智能驾驶企业泊车功能的稳步上升

相较于国外,国内智能泊车功能发展在技术和经验上无明显落后。智能泊车系统主要

是利用遍布车辆自身和周边环境里的传感器,测量车辆自身与周边物体之间的相对距离、速度和角度,之后做出决策并通过控制车内其他操作系统来进行车辆的停靠与驶离。智能泊车领域国际主流供应商更为关注前向 Driving ADAS 功能,同时,新产品研发较为谨慎,需要较长的研发周期。

国内主机厂商主打研发的是 AVP 技术,即自动代客泊车技术,当前搭载其智能泊车系统的乘用车的量产车型相对较少,目前以威马为代表的一批汽车企业已经推出了搭载 L4 级别的 AVP 系统,帮助用户解决各类场景下泊车难的问题。该行业内,百度、纵目科技等具有良好的产品稳定性和可靠性,并具有软硬一体化的实力,其余企业也在不断研发。随着智能驾驶技术的发展,智慧泊车行业的上升空间仍然巨大。

7.1.5.5 乘用车辅助驾驶渗透率不断提升

截至 2021 年底,我国搭载 L2 级辅助驾驶功能的乘用车新车市场渗透率达到 20%。随着辅助驾驶技术进一步成熟,预计今年将逐步部署推动 L3、L4 自动驾驶功能的应用。如今智能驾驶相关的法律法规不断完善,更高级别的辅助驾驶市场占有率会逐步上升。

7.1.5.6 高级别自动驾驶在特定使用场景落地

随着自动驾驶运营场景的精细化,高级别自动驾驶会率先在某些特定场景进行应用。政策层面由于自动驾驶技术配套的法律法规和行业标准的限制,L3 以上级别的自动驾驶在道路交通方面落地还有一定难度,随着自动驾驶技术的普及发展,配套法规呈标准化发展,为今后的行业提供政策支持和引导。高级别的自动驾驶正在向更加精细化的应用场景普及,提供特定场景下的自动驾驶服务,例如矿山的车队、机场的飞行区保障车辆和一些园区实现最后一公里的接驳车等,在不同专业的场景下,将孵化出更多具备强竞争力的自动驾驶厂商。

7.1.5.7 传感器多样化冗余化成为行业发展趋势

多传感器数据融合技术是自动驾驶感知周围环境信息技术中一项必不可少的关键技术。多传感器数据融合是一个多方面的工程应用方法,要求融合各种同质或异质的传感器量测数据和经验知识数据等,对多传感器捕捉的信息进行融合推理,导出有用的信息,不仅可利用不同传感器的优势,还能提高整个系统的智能化。随着各类算法和传感器技术的发展,传感器多样化和冗余化已经成为多数主机厂提升自己智能驾驶系统的安全性、高效性的一个重要解决方案。

7.1.5.8 机遇和挑战

(1)机遇。

①政策支持。国家将智能驾驶产业作为汽车产业升级的重要方向,也在不断出台和完善相关政策。国家和各地政府以宏观的视角对自动驾驶发展业态进行方向性指引,并对该行业提供政策支持,为我国智能驾驶汽车的可持续发展奠定了基础,我国"十四五"期间智能驾驶行业将会迎来很大的发展。

②零部件国产化。当前,我国的智能驾驶国产化进程加快,不少主机厂对国产化方案提出明确的需求,目前 L2 级别自动驾驶相关的多数零部件主要来自国产供应商,更高级别的自动驾驶方案相关企业也在积极研发寻找解决方案,降低了智能驾驶企业对于国外供应商的依赖程度同时也降低了成本,提高国内汽车产业供应链的稳定性。部分企业已经进入了国外智能驾驶零部件的供应链当中。

③车联网快速发展。车联网技术与自动驾驶技术是相辅相成的,车联网是运用大数据、5G、人工智能等信息通信技术,通过车内网、车际网和车载移动互联网,进行车与车、路、行人、平台等的全方位连接和数据交互,车联网可采用5G作为基础通信手段,是5G高可靠、低时延通信场景(uRLLC)最重要的应用之一。5G技术可以帮助车联网降低延迟,打通汽车行驶数据、道路规划和实时交通数据,满足更高级别的自动驾驶和智慧交通的需要。

④多个试点道路开放。车辆路测规模直接影响智能驾驶技术的发展。2019年7月14日,国内首个自动驾驶5G车联网示范区落地广州。对于汽车产业而言,5G商用时代已经到来,将带来更多的突破。目前,我国已建立至少20个智能网联汽车测试示范区并形成区域性互补;北京、上海、长沙、广州等城市已经颁发上百张路测牌照,公开道路中的各类环境和场景均为真实情况,有助于智能驾驶车辆在量产落地前的验证。

(2)挑战。

目前,我国智能驾驶的主要挑战主要集中在法律法规、技术发展、应用场景、自身成本四个方面。

①法律法规。自动驾驶安全问题一直饱受争议,其事故认定的复杂性要高于传统汽车事故认定(驾驶员、车企、智能驾驶开发商等),对于智能驾驶车辆交通事故的分析和权责认定机制尚未完全形成。2021年3月,公安部发布《道路交通安全法(修订建议稿)》公开征求意见,明确了自动驾驶车辆进行道路测试与通行的相关要求,以及车辆违法行为和事故责任分担规定,让自动驾驶首次实现"有法可依"。这对于智能驾驶是机遇也是一个新的挑战。同时,在保险制度方面,现行于机动车商业保险示范条款也很难适用于自动驾驶车辆。

②技术发展。自动驾驶技术的有效性会随着环境的不同而发生变化,驾驶环境的复杂性将需要新的传感器和新的通信渠道,以及越来越复杂的方法来捕获和解释信息。面对多种复杂环境,自动驾驶系统的信息处理能力能否及时准确地处理这些多因素多变量的信息还是个未知数,所以,全场景自动驾驶技术难度远超预期。强大的信息处理能力对于各类零部件都有更高要求,任一环节的技术滞后都难以实现自动驾驶的落地,所以,高级别自动驾驶的落地任重而道远。

③应用场景。智能驾驶的各类应用场景均需有一定挑战,例如,在机场场面运行当中需要极大的精度来确保特种车辆不会与航空器发生刮蹭,智能泊车方面对于一些边角泊位的识别与停靠也是一个难点,港口中自动驾驶集卡停靠需要极高的精确度,这些都会成为智能驾驶行业发展的挑战。

④自身成本。目前,实现L4级自动驾驶的硬件一般包括:6~12台摄像头、3~12台毫米波雷达、5台以内的激光雷达以及1~2台GNSS/IMU和1~2台计算平台,智能驾驶企业需要投入巨大的研发成本才能保证高级别自动驾驶的落地。这是一个漫长的过程,该过程对企业的资金流是一个极大的挑战。所以,各个企业必须加强协作并且具有较强的产品力才会不被市场淘汰。

7.1.6 我国综合交通智能网联背景下的人才培养战略

2017年10月,习近平总书记在党的十九大提出了建设交通强国目标。2019年9月,中共中央、国务院印发了《交通强国建设纲要》(简称《建设纲要》)。在新时代面向交通强国建设的战略需求,分析人才培养的机遇与挑战,思考人才培养改革具有重要意义。

(1)背景分析。

建设交通强国是以习近平同志为核心的党中央立足国情、着眼全局、面向未来做出的重大战略决策,是建设现代化经济体系的先行领域,是全面建成社会主义现代化强国的重要支撑,是新时代做好交通工作的总抓手。在建设交通强国背景下,许多学者开始探讨人才培养的问题,交通高科技人才的培养,需要面对新时代提出的智慧交通的新要求,结合各类相关学科,进行学科交叉融合,培养复合型人才。

(2)需求分析。

综合交通智能网联背景下的人才培养,需要贯彻执行《建设纲要》的主要任务,实现《建设纲要》的重要目标。在高校相关专业的教学当中,要加强学生创新能力的挖掘,培养创新思维;同时,也要有针对性地培养复合型人才,根据《建设纲要》所述,目前行业内继续推进复合型人才进入交通行业开展管理工作,因此,在人才培养方面需要注重增加学科交叉融合,跨学科教学等举措;增强相关专业人员实践能力培养,使相关人员形成良好的工程思维,达到上手快、效率高的目的。

(3)高校相关课程改革的思考和建议。

近年来,我国城市化进程加快,出现了系列新问题,以"多规合一"为代表的新的行业标准、技术规范等应运而生。为解决这些问题,高校及其他相关机构需要将技术标准、行业规范带进课堂,使人才培养达到"知行合一"的目的。同时,进行各类实践基地的建设,加强校企沟通,增加实习课时。

当前,互联网产业发展迅速,可以展开各类相关论坛、讲座来让高校师生了解前沿的科学技术,例如,智能网联汽车等的发展提供了新型运载工具,共享出行等的发展带来了新型交通业态,并进一步促进了交通规划理论与方法的革新。在交通规划课程教学时,需要给学生讲解新型运载工具及交通业态对交通规划的影响,还可以邀请企业专家来校授课。在课程考核方面,改变传统考核方式,增加考核模式,增加系统设计、能力培养类的大作业考核环节。

7.2 道路智能网联技术发展现状及趋势

车辆驾驶辅助技术、通信技术和自动驾驶车辆制造技术已逐步成熟,智能网联车辆是未来智能交通领域的发展方向。然而,智能交通系统发展到"聪明的车、聪明的路"的高级阶段还需要一个过程。在未来相当长的时间里,道路交通流将会长期存在不同智能化和网联化水平车辆混行以及车队组织模式,形成新型的混合交通流。

7.2.1 基本概念与系统分级

7.2.1.1 基本概念

(1)智能交通运输系统。

智能交通运输系统是指在交通运输领域内运用先进的信息技术、传感技术、控制技术以及计算机技术等各种手段,旨在改善交通运输系统现状的高新科学技术或技术集成系统的一个统称。它通过人、车、路的协同配合实现交通运输效率和交通安全水平的提高,进而缓解交通拥堵,提高道路网通行能力,减少交通事故,降低交通污染和排放。

(2) 智能网联交通系统。

智能网联交通系统也称为车路协同系统,是指通过先进的车辆、路侧感知设备以及无线通信、信息交互技术等对道路交通环境信息进行高精度全时空动态实时采集与融合,按照约定的通信协议和数据交换标准,并涵盖不同车辆自动化水平,以及考虑车辆与道路供需间不同程度的分配协同优化,从车辆自动化水平、V2X 网络互联化和智能道路系统集成化三个方面构建智能网联交通系统,进而协同、高效地执行道路交通信息感知、预测、车辆控制或交通管理决策等功能,最终形成一个能够整合、协调、控制、管理和优化所有交通要素、信息服务、设施设备、主动交通安全管理和道路协同运行,充分实现人车路协同的新一代智能交通系统。

(3) 先进的交通管理系统。

先进的交通管理系统是指以智能交通技术为支撑,为了保障道路网络可靠、安全、道路交通流通行能力得到合理高效利用、经济实用的各类交通管理系统的集成。相关功能包括事件检测和应急反应、特殊事件的交通管理、城市交通组织、交通信号协同控制等,以降低交通延误和减小排队长度,协助交通需求管理、变更路径导航、长途交通走廊管理、天气预警系统以及执法等。内容包括计算机化的交通管理中心和交通控制中心等,这些中心是数据的重要来源,处理后的数据通过交通信息中心通知交通参与者,或给他们提出建议。

(4) 智能网联道路。

智能网联道路是指为道路交通参与者提供交通服务的道路基础设施设备和信息工程设施,是保证交通活动正常运行的公共服务系统,主要包括道路结构和构造物(如路基、路面、桥涵、隧道等)、交通工程及沿线附属设施(如道路标志、标线、标牌等)、能源系统、通信系统、信息平台(如监控系统、传感系统、收费系统、交通管制、导航、路侧系统等现代化装备系统)。

(5) 智能网联车辆。

智能网联车辆是指搭载有先进的车载人机交互设备以及传感器、控制器、执行器等装置,并融合网络通信技术与信息交互技术,实现 V2X(车与车、车与路、车与人、车与交通设施以及车与交通管控中心等)之间智能信息交换、共享。具备复杂道路交通环境下交通信息感知、主动交通安全管理与控制、车辆间以及车辆与基础设施间协同控制等功能,同时实现车辆运行安全、高效、生态和舒适行驶,并逐步替代传统人类驾驶员驾驶操作车辆的新一代汽车。

7.2.1.2 系统分级

智能网联交通系统是物联网技术在智能交通运输领域应用的终极发展模式。智能网联交通系统是一个由低级至高级的发展历程,该系统包括协同感知、协同决策和协同控制,是一个由车辆控制自动化、网络通信互联化和设施设备系统集成化于一体的技术集成系统,按照不同的阶段逐个实现突破,才能最终实现交通运输系统一体化。

2016 年 10 月,中国汽车工程学会发布了《节能与新能源汽车技术路线图》。2020 年 10 月,《节能与新能源汽车技术路线图 2.0》版本发布,提出车辆网联化水平分级,也明确智能网联汽车发展的"三横两纵"的技术架构:车辆关键技术、信息交互关键技术和基础支撑关键技术("三横"),以及车载平台和基础设施("两纵")。

第7章 智能网联技术发展

2020年10月,中国公路学会自动化驾驶工作委员会提出了智能网联道路系统分级,见表7-2。

智能网联道路系统分级　　　　　表7-2

等级	信息化（数字化/网联化）	智能化	自动化	服务对象	应用场景	接管
I0	无	无	无	驾驶员	无	驾驶员
I1	初步	初步	初步	驾驶员/车辆	多数	驾驶员
I2	部分	部分	部分	驾驶员/车辆	部分场景	驾驶员
I3	高度	有条件	有条件	驾驶员/车辆	专用道在内的主要道路	驾驶员
I4	完全	高度	高度	车辆	特定场景/区域	交通基础设施系统
I5	完全	完全	完全	车辆	全部	交通基础设施系统

冉斌等考虑车辆自动化、网络互联化和道路交通系统集成化程度等方面,提出了智能网联交通技术"三维一体"发展架构,如图7-1所示。

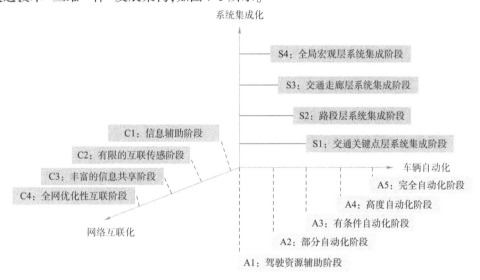

图7-1 智能网联交通技术发展架构

通过以上分析可以看出,智能网联道路系统的建设不单单是依靠单一的智能车辆,而是车辆与基础设施等众多智能系统之间的连通并进行协同工作,且智能网联车辆驾驶技术的商业化落地和面向智能网联道路基础设施建设的完善仍需要经过一定的发展阶段。

7.2.2 车联网技术发展现状

车联网技术是物联网技术在智能交通运输系统领域的应用、拓展和延伸。车联网技术是由车辆位置、行驶速度、行驶路线、行驶道路环境信息等构成的信息交互网络,是一种以先

· 125 ·

进的传感技术、网络技术和无线通信技术以及大规模并行计算技术为基础,进行V2X之间的即时信息交互,是实现智能化交通管理、智能动态信息服务和车辆智能化控制的车网联合技术。车路协同技术是车联网技术的重要组成部分,是通过车辆与道路设施之间的信息共享、智能协同,实现运行效率和交通安全的智能交通技术。图7-2展示了车路协同、车联网、物联网和智能交通系统之间的关系。

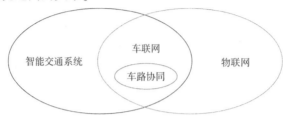

图7-2　基本概念

自20世纪80年代中期开始,美国大力发展智能车辆和智能道路方面的相关研究。1990年,美国交通运输部成立了关于智能网联交通系统研究的IVHS组织(后期更名为ITS America),并在1991年国会通过了"综合路上运输法案",以期在财政方面大力支持智慧车路系统的研究。1997年,美国联邦通信委员会授权5.9GHz频段作为车载专用短程通信频段,并于2002年底制定了基于该频段且采用IEEE 802.11a作为底层传输技术的专用短程通信标准ASTM E2213-02。2003年开始,先后开展了一系列车路协同系统项目,如VII、CVHAS和IntelliDrive等。美国科研机构马里兰大学研究了基于车联网技术的交通监控设备TrafficView,以车载通信平台作为交通信息采集和发布中介,以提高道路安全水平和通行效率。加利福尼亚大学PATH项目针对车辆间的协同控制进行了研究,包括自适应巡航控制系统、协同自适应巡航控制系统和车队内车辆联动控制等。

1993年,主要负责推进日本智能交通等相关工作的ITS推动委员会成立。日本开展的多个智能交通项目也将车联网技术应用作为研究的重点。20世纪90年代末,日本开始了协同驾驶系统项目的研究,其中两个主要的车路协同项目为重点关注车辆间通信提高行车安全的ASV计划和关于安全驾驶辅助技术的AHS项目。另外,日本Yuichi Morioka等人提出了运用差分GPS和陀螺仪提取的车辆位置、速度等信息,用于视距不良交叉口基于车车通信的防碰撞预警系统。

欧洲的许多组织也大力推动车联网技术的发展,ITS组织ERTICO最先提出eSafety基本概念,相关的研究项目都将车车通信与协同控制作为其中的主要方向,如PReVENT、CVIS和CarTalk2000等项目。1994年,欧洲标准委员会开始起草专用短程通信标准,并于1997年通过该标准。2005年,欧洲车辆制造厂商、供应商以及研究机构等联合成立车辆间通信联盟C2C-CC,重点研究制定车间通信接口、通信方式以及车辆与基础设施的通信标准。2019年,鉴于网联化概念重要性日渐增强,欧洲ERTRAC参考欧盟制定的STRIA CAT路线图,并在上一版自动驾驶路线图基础上制定了网联式自动驾驶技术路线图。

与发达国家或地区相比,我国在智能交通系统方面的研究起步较晚,20世纪80年代开始重点关注将高新技术运用到道路交通运输系统发展建设中,90年代起引入智能交通的概念,并跟踪国际ITS的发展,加快对于智能交通关键技术的研究。2006年开始,我国在863计划中设立了现代交通技术领域,同时,部分高校与研究机构合作进行了关于智能化交通安全控制技术的研究以及智能网联交通技术研究,例如,国家863计划中的《智能道路系统信息结构及环境感知与重构技术研究》和《智能车路协同关键技术研究》课题等。2018年,经科技部审批,由清华大学牵头,联合东南大学、同济大学等18家单位共同承担的"综合交通运输与智能交通"重点专项"车路协同环境下车辆群体智能控制理论与测试验证"项目启动。2020年以来,有关智能网联汽车的政策更是密集出台。按照当前的政策指引,预计在2025年,我国将会实现有条件的自动驾驶智能汽车规模化生产,在2035年基本实现交通强国建设纲要的总体目标。同时,有关智能汽车和车联网的相关技术标准体系也在不断完善的过程中。

同时,为了进一步推进车联网技术的落地应用,国内外积极建设智能网联汽车试验场。国外主要有8个著名试验场,美国的M-City和GoMentum Station,欧洲的瑞典AstaZero和西班牙IDIAFA,英国的Mira City Circuit,日本的JARI试验场以及在建的美国ACM试验场和韩国K-City试验场。其中,由美国密歇根大学和密歇根州交通部共同建设的M-City,是世界上第一个专门为测试自动驾驶技术和车联网技术而设计的试验场;另外一个位于美国比较著名的试验场为GoMentum Station基地,具有丰富的高速公路和城区道路试验场景。欧洲最大的智能车测试场瑞典AstaZero,主要是针对ADAS场景模拟测试;位于英国的Mira City Circuit试验场则重点突出网联化的测试环境。我国对智能网联汽车的试验场建设正处于快速发展阶段,目前工业和信息化部已批准2个国家级车联网先导区和10个智能网联汽车示范区。例如,国家智能网联汽车(上海)试点示范区,浙江智能汽车智慧交通应用示范区,国家智能汽车与智慧交通(京冀)示范区以及天津(西青)国家级车联网先导区等。另外,2017年,北京设立了国内第一条车联网专用车道。

在政策方面,2020年11月11日"2020世界智能网联汽车大会"上,中国智能网联汽车创新中心首席科学家发布并解读了《智能网联汽车技术路线图2.0》。该规划目标共有三个关键时间节点:

(1)到2025年,PA(部分自动驾驶)、CA(有条件自动驾驶)级智能网联汽车市场份额超过50%,HA(高度自动驾驶)级智能网联汽车实现限定区域和特定场景商业化应用;

(2)到2030年,PA、CA级智能网联汽车市场份额超过70%,HA级智能网联汽车市场份额达到20%,并在高速公路广泛应用、在部分城市道路规模化应用;

(3)到2035年,中国方案智能网联汽车技术和产业体系全面建成、产业生态健全完善,整车智能化水平显著提升,HA级智能网联汽车大规模应用。

通过国内外车联网技术发展现状及趋势分析可以看出,智能网联化已经成为车联网技术以及未来智能交通运输系统发展的主要方向。世界上的主要发达国家和地区都对其进行了大量的研究,其中部分技术已趋于成熟,同时已经出台了用于协同交互的通信标准并定义了一系列车联网技术应用场景。但是,在实现大规模车辆及群体车辆协同决策与完全自动驾驶控制方面仍面临较大的挑战,相关的研究仍处于实验室研究和试验阶段。因此,面向智能网联的交通基础设施建设完善和车辆技术日趋成熟并占领市场仍需要一个较长的周期。

随着车联网技术的逐步成熟,道路车流中将出现由传统视觉感知-反应-操作模式的人工驾驶车辆(Human-driven Vehicle,HDV)、借助车联网技术感知信息辅助的网联人工驾驶车辆(Connected Vehicle,CV)、通过车辆自身检测设备实现自动驾驶的单体智能车辆(Autonomous Vehicle，AV)以及能够利用车-车、车-路通信等技术辅助智能车辆决策的网联自动化车辆(Connected and Autonomous Vehicle，CAV)组成的新型混合交通流,如图7-3所示。同时,由于车队组织在交通应用领域的优势,且车辆间协同交互能力的增强,道路交通中车流组态将更加复杂。目前,已有研究成果鲜有从人因角度对车联网环境下微观驾驶行为特征到中观交通流表现进行精细化的描述。另外,尚缺乏对存在不同智能化、网联化程度车辆混行和车队组织模式的新型混合交通流组态解析表达、基本图模型构建以及混合交通流通行能力、稳定性分析等方面的系统性研究。

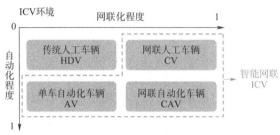

图7-3 新型混合交通流车辆组成

7.2.2.1 智能车联网行业商业发展现状

近年来,华为、百度、阿里和百度等企业纷纷加速车辆网相关产业战略布局,这些行业巨头在自研车联网相关技术的同时,也在加强与其他传统汽车厂商以及相关产业,例如通信企业、基础设施建设企业的合作。除了这些行业巨头的入局外,还有其他二线厂商也在车联网当中加大投入,大量车联网相关企业获得了资本的青睐,智能网联汽车行业的发展呈现加速态势。车联网相关企业投资发展现状见表7-3。

车联网相关企业投资发展现状　　　　表7-3

企业	合作时间	合作方	合作内容概要
华为	2020年5月	一汽集团、比亚迪等18家车企	多方成立"5G汽车生态圈";计划由华为向生态圈车企提供5G车载模组MH5000、5G车载终端T-Box平台等产品和技术,支撑5G汽车以及5G+C-V2X智能网联的应用创新
	2020年4月	北汽集团(北汽新能源)	北汽旗下新能源品牌ARCFOX极狐联合华为推出首款智能豪华纯电动轿车阿尔法S华为HI版智能汽车,该车的智能驾驶方案中采用了多个华为的智能驾驶部件
	2019年9月	长城汽车	双方签署战略合作协议,并将在车联网、智能座舱、云服务和大数据等方面进行深度合作
	2019年4月	中国移动	双方签署战略合作协议,二者将面向5G车辆网展开深度合作,加快自动驾驶技术发展
	2018年10月	上海博泰	华为首次与车联网企业公开签署合作协议,双方将结合各自优势为用户提供更加先进的车联网软件与云端平台以及更加极致的用户体验
百度	2020年10月	韩国现代起亚汽车集团	双方签订战略协作谅解备忘录,未来双方将在智能车联网方面共同进行深度合作、展开技术研发

续上表

企业	合作时间	合 作 方	合作内容概要
阿里	2020年9月	一汽大众	阿里为第一大股东的斑马网络与一汽大众在线签署了战略合作协议,将在人工智能、大数据分析、智能汽车操作系统和智能座舱领域建立战略合作关系,推进数字化汽车
	2020年9月	交通运输部公路科学研究院	双方签署战略合作,成立车路协同联合实验室
	2020年8月	小鹏汽车	阿里帮助小鹏汽车融资3亿美元进行智能汽车技术研究
	2019年12月	中国一汽	双方签署战略合作协议,以斑马智行系统为基础打造新一代智能网联汽车
腾讯	2021年4月	上汽奥迪	双方达成战略合作,将围绕车联网服务及智能座舱、云服务、数字化营销、用户运营、云安全等领域开展多维合作
	2020年5月	Honda	双方签署战略合作备忘录,整合技术优势探索腾讯TAI生态车联网解决方案在Honda车辆上的应用
	2018年8月	美行科技	腾讯完成对美行科技的战略投资,双方车联网、车载导航方面的合作

表7-3中,智能网联汽车的发展仍然在起步阶段,车联网的市场空间将会随着5G建设的逐步成熟逐步显现。预计在未来几年内,全球智能网联汽车的规模将会大幅度提升。据相关机构调查数据显示,目前全球市场搭载智能网联功能的新车渗透率约为45%,预计至2025年可达到接近60%的市场规模。2020年,我国智能网联汽车渗透率保持在15%左右,预测2025年市场渗透率超过75%,高于全球市场的装配率水平。

7.2.2.2 智能网联汽车产业布局

智能网联汽车按功能可分为车载网络通信模块和自动(辅助)驾驶模块两部分,车载网络通信模块负责车辆与外部的通信,自动(辅助)驾驶模块负责实现车辆的辅助驾驶或自动驾驶功能。智能网联汽车的产业链围绕这两个模块形成,产业链上游包括感知系统、决策系统、执行系统和通信系统,细分包括雷达、摄像头、高精地图、芯片等,常见企业分布见表7-4。产业链中游包含智能座舱,整车厂与OEM、Tier1,其中主要关注点在智能座舱、辅助驾驶等方面,常见企业分布见表7-5。产业链下游主要包括汽车相关的各类服务,其中包含出行服务、货运服务、工程服务及其他服务,常见企业分布见表7-6。

智能网联汽车行业产业上游设备企业　　　　　　表7-4

产业类别	企业名称	企业优势分析
雷达	禾赛科技	禾赛科技是全球领先的3D传感器(激光雷达)制造商,其自主研发的微振镜和波形加密技术对于传感器创新具有重大意义
	中海达	中海达深耕北斗卫星导航产业,形成"海陆空天、室内外"全方位的精准定位产品布局,可提供装备、软件、数据及运营服务等应用解决方案,产品销售网络覆盖全球逾60个国家,拥有百余家合作伙伴

续上表

产业类别	企业名称	企业优势分析
地图	百度	百度地图 9 成数据生产环节已实现人工智能化,其具备全球化地理信息服务能力,包括智能定位、POI 检索、路线规划、导航、路况等。其覆盖 POI 达 1.5 亿,道路里程超 1000 万千米
	高德	高德具有优质的电子地图数据库,并且拥有导航电子地图甲级测绘资质、测绘航空摄影甲级资质和互联网地图服务甲级测绘资质"三甲"资质
摄像头	索尼	索尼是世界最早便携式数码产品的开创者,也是世界最大的数码产品制造商之一
	海拉	汽车照明和汽车其他电子产品的最大供应商之一
算法	腾讯	腾讯多元化的服务和庞大的用户量是公司的核心竞争力
	中科寒武纪	寒武纪已与智能产业的众多上下游企业建立了良好的合作关系,并在人工智能方面取得了很大的突破
芯片	高通	高通是全球领先的无线科技创新者,开启了移动互联时代
	三星	其产业覆盖广泛,技术优势突出,旗下子公司包含:三星电子、三星 SDI、三星 SDS 等
操作系统	克诺尔	克诺尔致力推动用于轨道和商用车辆领域内不同用途的现代制动系统的开发、生产和销售,并对公路和轨道交通安全做出巨大贡献
	商汤科技	商汤科技专注于计算机视觉和深度学习原创技术研发。并在 2018 年 9 月获得"智能视觉国家新一代人工智能开放创新平台"称号
执行系统	Brembo	Brembo 公司是一家意大利从事高性能制动器系统和部件的工程设计、开发和制造的厂商,其制动系统在各类全球领先的车辆中得到广泛应用
	威伯科	威伯科是世界领先的商用电子制动、稳定性和悬架控制系统方面世界领先的供应商之一

智能网联汽车行业产业链中游运营企业 表 7-5

企业名称	企业优势分析
百度 Apollo 车联网	百度 Apollo 开放平台的合作伙伴,有戴姆勒、宝马、本田、北汽新能源、比亚迪、奇瑞、长城等主机厂商,也有博世、德国大陆等汽车供应链巨头,以及微软、英伟达等科技巨头。Apollo 还被国家指定为新一代的人工智能驾驶的创新平台,全国首款 L4 级的自动驾驶巴士阿波龙已于 2018 年 7 月份正式量产
华为 HarmonyOS-A	HarmonyOS-A 智能座舱操作系统是目前唯一一个开放的座舱系统,华为基于 HarmonyOS 车机系统已经与 80 多家软硬件伙伴们展开深度合作
腾讯车联	腾讯车联是腾讯公司旗下一个开放平台系统。基于海量腾讯用户的社交账号体系,其赋予了汽车更多的社交能力和出行场景。腾讯于 2017 年推出腾讯车联"AI in Car"系统,全面开放基于 AI 的连接能力和生态资源

第7章 智能网联技术发展

智能网联汽车行业产业链下游代表企业 表7-6

产业类别	企业名称	企业优势分析
物流服务	优步	全球覆盖率广,进入行业较早,用户基数大
物流服务	图森未来	其具有L4级别无人驾驶卡车,能够实现环境感知、定位导航、决策控制等自动驾驶核心功能,可应用于高速公路货运和港内集装箱码头运输以及相似场景
出行服务	首汽集团	北京首汽(集团)股份有限公司是国内领先的全方位汽车服务提供商,主营业务涵盖汽车客运、汽车销售与维修、汽车租赁、成品油销售四大业态
出行服务	T3出行	T3出行是南京领行科技股份有限公司打造的智慧出行生态平台,是首家深度应用车联网架构的出行平台,通过对车联网的深度应用,打造V.D.R安全防护系统,全面保障出行安全和乘车体验
出行服务	曹操出行	曹操出行是吉利控股集团布局"新能源汽车共享生态"的战略性投资业务,依托吉利控股集团将全球领先的互联网、车联网、自动驾驶技术以及新能源科技,创新应用于共享出行领域

7.2.3 车联网技术应用态势

7.2.3.1 车联网技术实现手段

V2X作为发展车联网的信息交互关键技术,其发展历史可以追溯到2013年5月17日,时任大唐电信集团副总裁的陈山枝博士在国际电信日上首次向全球公开提出LTE-V车联网概念及关键技术,并带领大唐团队积极推动C-V2X的国际化标准和演进。但由于美国主导的DSRC技术成熟较早,车联网起步较早的发达国家如美国、日本等早期均倾向部署DSRC技术。因此,LTE-V标准也就是C-V2X在当时并没有引起国际上的重视。此后,2016年完成国际化3GPP标准,2017年完成国内标准化相关工作,2020年3GPP完成了基于NR-V2X标准的制定。

当前,世界上用于V2X通信的主流技术包括:DSRC和C-V2X。DSRC标准由美国电气电子工程师学会(IEEE)基于Wi-Fi制定,DSRC系统包括车载单元(On Board Unit,OBU)、路侧单元(Road Site Unit,RSU),该系统成本较高,主要应用场景为短距离、低时延(如车辆碰撞预警),该协议仅支持终端设备之间的直连通信;C-V2X是基于蜂窝移动通信系统的技术,分为LTE-V2X和5G NR-V2X。该系统无须单独组网,故成本较低,其具有长距离广覆盖的特点,与蜂窝数据先天结合,适用于车路协同、自动驾驶的场景。

2020年11月,联邦通信委员会(FCC)正式投票决定将5.9GHz频段(5.850-5.925GHz)划拨给Wi-Fi和C-V2X使用。根据新通过的频段划分计划,将把该频段上较低的45MHz频谱分配给Wi-Fi免授权设备使用,并将较高的30MHz频谱划拨用于C-V2X技术来提高汽车安全。这标志着美国正式宣布放弃DSRC(IEEE 802.11p)并转向C-V2X,也标志着由我国主推的C-V2X逐渐成为在全球范围内被认可的事实行业标准。中美两国在V2X技术标准上走向统一可以加速V2X产业链的发展,有助于整个车联网产业的发展。

当前,基于C-V2X的车联网产业链见表7-7。

基于 C-V2X 的车联网产业链

表 7-7

产业类型	产业代表
通信芯片和通信模组供应商	华为、大唐、高通、移远、芯讯通等可提供基于 LTE-V2X 的芯片模组
软硬件设备	华为、大唐、金溢、星云互联、东软、万集等厂商可提供基于 LTE-V2X 的 OBU、RSU 硬件设备，以及相应的软件协议栈
安全与测试验证	中国信息通信研究院、中国汽车技术研究中心有限公司、上海机动车检测认证技术研究中心有限公司、中国汽车工程研究院有限公司、上海国际汽车城等科研和检测机构开展 C-V2X 通信、应用相关测试验证工作，北京奇虎科技有限公司、华大电子科技有限公司等安全企业开展 C-V2X 安全研究与应用验证
运营服务商	国内三大电信运营商均大力推进 C-V2X 业务验证示范，百度、阿里、腾讯等互联网企业进军车联网，加速 C-V2X 应用落地
高精度定位和地图	北斗、高德、百度、四维图新等企业致力于高精度定位的研究，为 V2X 行业提供高精度定位和地图服务

值得一提的是，华为在 C-V2X 的解决方案为车、路、云三层架构，协同创新发展，华为车路协同解决方案具备四大原子能力：一是红绿灯信号机的对接；二是高精定位；三是高精地图动态图层；四是丰富的路侧感知能力。在云端，华为的解决方案已经与六家 V2X 平台进行过对接，在路侧，信号机跟十几家知名厂商进行过对接，雷达跟四家厂商进行过对接，T-Box 跟十家以上的厂商进行过对接。截至目前，华为在全国已有 30 多个 C-V2X 网络落地，联合近 20 家车企发布了 C-V2X 汽车商用路标。

7.2.3.2 智能网联技术与自动驾驶互融发展

C-V2X 和单车智能互补，异质融合，促进自动驾驶的发展。当前，自动驾驶存在信息感知能力差、成本高、多传感器融合加大软件算法复杂度、在高速自动驾驶中传感器能力有限、高车流量交通环境应变能力差的问题。随着车辆密度的提升，环境越来越复杂，自动驾驶车辆容易陷入寸步难行的窘境（比如当下的拥堵自动跟随功能），还有其他如鬼探头、僵尸车等，靠单车智能识别有很大的困难。针对这些问题，车路协同可以给出一些较好地解决方案：V2V 可以增强信息感知能力，路侧单元（RSU）可以做到合理布设传感器位置，消除盲区，并且 RSU 位置固定，有足够的先验信息可以用来辅助感知，提升感知准确性，通过先进的通信技术组合成泛在感知网，提升车辆感知范围。车路协同还可以提供两车协同、多车协同，基础设施的改造可以分摊到每台汽车当中使其成本达到最低。

7.2.3.3 智能车联网技术面临的问题及发展趋势

当前车联网的应用主要还是在单车智能化上，但是单车智能容易造成信息孤岛，车路协同有限，同时，单车缺乏超视距感知能力，易受天气和光线的影响，无法从"上帝视角"来对整体路况进行研判。同时，单车智能化算法的可靠性也有待提高，所以，C-V2X + ADAS 的解决方案是势在必行的。同时，车联网产业还面临路侧前期投入比较大、商业模式尚不清晰、安全风险与威胁较高、无人驾驶汽车/道路算力匮乏且频谱规划有待确定等问题。因此，对于智能车联网方面，需要做出以下几个调整。

（1）增强车车协同信息感知能力，构建泛在感知网络。

(2)各级政府敢于尝试创新制定网联技术发展与应用规划,各部委协同互动消除信息共享鸿沟,探索管理部门、企业等收集的信息共享机制与方法;

(3)增强安全性,避免随机性故障和环境影响造成的安全风险,同时,保障网络安全,与保险行业展开深入探讨合作,量化车载网络安全能力。

(4)由辅助驾驶向自动驾驶迈进。

未来智能网联发展中,LTE-V2X技术将逐步向5G V2X演进,解决5G新空口(5G new radio,5G NR)的兼容性问题;业界也在推动C-V2X+ADAS解决方案的产生和落地,从单车智能走向网联智能;政府与企业将合理解决芯片"卡脖子"的问题,大力发展半导体产业;政府层面政策将会朝着有利于智能网联的方向进行适度调整,公共交通运行模式将会得到创新;高精度地图和高精度导航的发展将会大大促进车联网的发展;智能网联的商业模式将会随着"互联网+"模式的不断创新进行更替。

7.2.4 智能网联技术在共享出行行业中的应用

车联网技术的进步和智能交通基础设施的升级,促使智能网联车辆技术逐步走向应用。已有研究表明,随着智能网联车辆的普及和应用,道路交通流通行能力、交通稳定性以及交通安全等多个方面都将受到积极的影响。车联网技术综合利用电子技术、无线通信、信息融合、智能车辆、人机交互等技术手段,通过车车、车路通信实现智能网联车辆交通信息实时感知和车辆间信息交互,进而有效优化车队管理,提高车队运行效率和安全性。智能网联技术在共享出行行业中的整合应用可促进克服自动驾驶技术、电动汽车技术、共享出行平台各自的技术瓶颈,主要体现在以下几个方面。

(1)共享出行商业应用一般会限定运营范围,即具有地理围栏。处于这种封闭的运行环境,道路交通网络中的各种交通运行场景和交通参与者将更加容易识别和管控,从而实现对部署的自动驾驶车辆系统功能范围的限定,进而保证特定技术等级的智能网联车辆运行的安全性和稳定性。同时,可以采集并积累大量的实测运营数据,推进智能网联相关技术的进步和发展成熟。

(2)现阶段技术条件下,共享出行电动汽车蓄电池稳定性和续航能力有限,一次完整充电的时间也比较长,且目前大部分城市的电动汽车充电基础设施还没有完备和广泛普及。电池技术瓶颈和充电基础设施完善都会造成消费者和使用者的"里程焦虑",进而造成当前电动汽车的市场占有率处于较低的水平。共享出行发展对于电动汽车基础设施以及智慧停车系统的构建、完善的服务车辆运营管理,可在一定程度上促进电动汽车技术的进步与普及。

(3)共享出行平台和服务的广泛推广应用也面临着诸多的阻碍,在用户使用便利性和可达性方面可能会遇到需要步行较长距离才可以到达可用服务车辆的情形,另外,用户也有可能会遇到当到达目的地后没有可用或合适的停车位的情况。在平台运营方面,服务车辆在运营限制区域内供需分布不均衡问题是降低用户服务水平和提高平台运营成本的重要原因。而智能网联汽车技术的快速发展为克服上述障碍提供了可能性。例如,在用户使用便利性方面,用户向平台系统发出出行需求后,附近服务车辆将可用车辆自动行驶至用户使用出发地点。系统运营层面,服务车辆在运营范围内进行自动化调度运行。比如,将空闲状态车辆从冗余区域调度到较多停车位或者用户需求较多的区域。此外,车联网技术可使平台系统控制中心实时掌握系统中服务车辆、基础设施及用户三者的状态信息,实现智能动态化管理。

智能网联车辆共享出行方式可以大大促进交通运输系统智能化、网联化、电气化、共享化水平的提升,带来显著的社会效益、经济效益和环境效益。整合大量出行需求的共享出行平台,可以大幅度提升区域交通网络出行的移动性和可达性。共享出行平台运营模式可以整合大量的出行需求,提高车辆的利用率,减少车辆的保有量和使用频率,从而有助于缓解道路拥堵、停车需求紧缺以及车辆尾气排放等问题。

7.3 面向智能网联的城市共享出行发展展望

7.3.1 面向智能网联的城市共享出行发展现状

城市共享出行的核心是利用互联网、大数据和人工智能等新技术,精准匹配出行的供需需求,充分利用公共资源,实现使用时间、乘用空间和汽车使用权等方面的多维度共享。在满足出行需求的同时提高出行质量,实现供需双方效益最大化。共享出行是智能交通体系建设极为重要的一环,其对于合理分配交通资源及其他社会资源、提高出行效能、减少碳排放、建设智慧城市方面具有很大的促进作用。共享出行的出现,使原有的交通出行方式得到了极大的改变,因此,城市交通发展模式也应当做出相应的变革。

习近平总书记在十九大报告中指出,当前中国发展经济的着力点,是推动互联网、大数据、人工智能和实体经济深度融合,加快建设制造强国,加快发展先进制造业,在中高端消费、创新引领、绿色低碳、共享经济等领域培育新增长点、形成新动能,支持传统产业优化升级。汽车是中国最大实体经济和重要支柱产业,越来越关系到全球化背景下我国经济未来的整体发展。在汽车与互联网、人工智能等技术不断融合的同时,智能网联汽车成为汽车行业发展的一个重点。因此,在智能网联技术的发展下,共享出行正在以越来越快的速度在全球普及,其服务模式多样,面对不同需求的客户有着多种的服务模式,租赁时长、租赁旅途或车内各类设施的需求均可以按需满足。其盈利模式也不单单是按照时间及里程计费,诸多考虑因素如服务质量等均被纳入计费范围当中。伴随着自动驾驶行业的发展,各类短途接驳车、无人驾驶货运车、局域车-车通信系统均被运用到某些特定场景中来。智能网联系统将人、车、路三者的信息结合,最终实现城市交通互联互通。面向智能网联的城市共享出行的发展与信息产业的发展和能源结构的转型具有相互促进的作用。

(1)信息产业的发展。

信息产业的发展是共享出行发展的强大动力源,汽车共享出行所产生的海量供需数据、出行轨迹数据、交通动态数据、车辆状况数据以及用户行为数据,需要具备超高实时性、超强稳定性以及超快计算力的云计算服务器才能以实现。因此,汽车是除计算机、智能手机以外一个最重要的信息交互媒介,其发展趋势体现在两个方面:一是汽车各类电子模块的发展潜力,例如传感器、通信系统、控制系统等方面的发展极具潜力;二是新型人机交互技术产生的对于人员乘车体验方面,如智能语音、疲劳监测、图像识别等;三是自动驾驶模块的应用。

(2)能源消费结构的升级。

绿色低碳是智能网联汽车与生俱来的属性。智能网联汽车与新能源汽车的应用像是一对孪生兄弟,二者的发展是相辅相成的,其大规模应用有利于减少社会对化石能源的依赖;智能网联汽车对于共享出行路径的优化有助于减少能源消耗;同时,智能网联汽车对于光伏产业等可再生能源产业具有促进作用,智能网联新能源汽车可作为移动的、分布式的储能单元,提升电力系统对波动性可再生能源的消纳能力,有助于推进能源互联网发展进程。

汽车共享出行是智慧城市交通可持续发展的重要解决方案,将车辆价值利用最大化是汽车共享出行的核心内涵。目前,我国典型的发展模式主要包括实时出租、网络约车、分时租赁、P2P租赁以及定制公交五种汽车共享出行方式,多维度立体式的汽车共享出行服务丰富了城市交通出行体系,也促进了全新出行生态圈的形成。汽车共享出行对于城市的促进作用主要体现在以下两个方面。

①激活闲置运力,缓解城市运力负荷。罗兰贝格国际管理咨询公司的报告显示,我国汽车在运期间的平均载客人数少于1.5人,平均闲置时间占一天的95%,共享出行可以激活闲置运力,缓解城市运力负荷。同时,共享出行也可以降低乘客出行成本,提高社会资源利用率;实现了分散车辆动态调配供给,满足了乘客个性化出行需求,提升了车辆利用效率。

②协同管理海量交通数据。汽车共享出行将从"城市大脑"、车路协同以及动态管理等城市泛领域建设需求出发,加快促进城市智慧建设。其对于综合交通系统的交通动态数据和基础设施数据可以进行协同管理,实现资源的精确匹配和各类风险的动态预警,对提高城市治理能力具有极大的促进作用。

7.3.2 面向智能网联的共享出行的发展模式及实践

7.3.2.1 共享出行的发展模式及其实践

传统车企、互联网巨头、零部件供应商、受资本热捧的新造车势力四路阵营,正以不同模式融入智能网联汽车产业,与此同时,共享出行被认为能够很好地解决现有的城市运力效率分配低下以及城市拥堵等问题,对现有的出行方式能够形成很好的补充。当前主要的共享出行方式包括:网约车、顺风车、分时租赁、P2P租赁等。

(1)网约车。

网约车是指乘客通过智能手机软件向网约车平台发出出行请求,由平台根据算法自动匹配乘客出行的最优路径以及乘客所需的车型。网约车的车型有许多种,包括快车、专车、豪华车、七座商务车等,其租赁方式也变得越来越灵活。2010年,我国第一家网约车服务平台"易到用车"成立,网约车正式进入城市居民生活。2016年7月出台的《关于深化改革推进出租汽车行业健康发展的指导意见》和《网络预约出租汽车经营管理暂行办法》,正式明确了网约车的合法地位,并鼓励推广分摊部分成本或免费互助的共享出行方式。但是,目前基于现有技术及商业模式的网约车出行存在着诸多问题,如:网约车存在着驾驶员管理困难,驾驶员费用高昂导致的平台盈利困难等。

(2)分时租赁。

汽车分时租赁起源于"Zipcar"分时租赁互联网汽车共享平台。"Zipcar"通过实行会员卡制度,不仅可以实现车辆的开启和锁停,还可以实现上传车辆即时动态信息,保证租赁车辆运行安全。当前,汽车分时租赁的模式主要集中在以小时为计费单位的汽车租赁服务,消费者可以通过智能手机实现共享汽车的开关锁及缴费。我国在2017年出台《关于促进小微型客车租赁健康发展的指导意见》,鼓励分时租赁健康发展,GoFun 出行、联动云等一批汽车分时租赁平台正在积极发展。同时,结合无人驾驶技术的智能汽车租赁平台也在进行不断的探索,其目标在于实现自动泊车、自动充电,满足用户需求的同时提高管理效率。分时租赁面临取用车及归还地点固定,若取车点分布较少则取车及归还不方便,相反则面临着高昂的停车场租用费用等问题。

(3) P2P 租赁。

P2P 租赁是个人对个人的汽车共享租车模式,平台搭建个人与个人之间用车及出租车辆的需求,具体租赁过程由供需双方自主交易。P2P 租赁为私家车主提供了获得经济收入的新渠道,同时实现了闲置资源的价值利用最大化。目前,国内对于私家车租赁的发展还处于起步阶段,例如事故责任认定、车辆备案等问题的解决方式还在摸索当中。国外类似于 Turo、wheelz 等私车分享平台的发展已经相对成熟,平台会承担租赁期间的人身保险和车辆财产保险,因此,这种私家车共享模式在国外深受欢迎。P2P 汽车租赁的健康发展需要政府政策推动、社会信用体系保障以及企业平台严格认证等全方位共同推进。

(4) 顺风车。

顺风车是指在驾驶人前往既定目标的基础上,为提升出行资源利用率,搭载其他顺路乘车人的出行方式。顺风车和网约车是不同性质的出行,2019 年 11 月 28 日,交通运输部运输服务司司长徐亚华表示,驾驶人所从事的顺风车行为必须不以营利为目的,同时要对每车每日的合乘次数有一定限制。顺风车最符合共享出行理念,但其先天存在着非营利以及运力分配效率低下等问题。

7.3.2.2 基于智能网联技术的共享出行发展模式及实践

针对当前共享出行平台面临的盈利难的情况,自动驾驶技术有助于其解决对于人力成本的控制问题以及对于盈利能力提升的问题。自动驾驶车辆是天然的共享出行平台,虽然其初始投入高,但作为自动化共享出行工具,其既可以解决驾驶员管理、人力成本高昂等问题,同时其还可以通过后台配单自动驶往临近的叫车人,同时结合网约车的便利性和分时租赁的经济性。智能自动驾驶车辆同时结合了网约车便利性和分时租赁经济性特点,既解决了网约车驾驶员的管理和人力成本问题,又解决了分时租取、归还车辆不方便的问题;自动驾驶模式可以减少共享汽车使用的多项费用,提高汽车对厂商创造的价值,缓解交通拥堵问题,节约城市停车场用地资源。根据艾瑞研究院测算,一辆共享自动驾驶汽车的营收可以达到 3.71 辆传统汽车营收,密歇根交通研究院测算一辆共享自动驾驶汽车可以替代 9.34 辆传统汽车。特斯拉宣布在 2020 年向市场投放 100 万辆共享出租车。深圳无人驾驶车路测也是从公交车开始渗透。这说明共享化是智能汽车演化的又一趋势。

当今全球智能网联汽车产业融合模式在诸多创新技术出现的背景下正面临着来自不同方面的机遇和挑战,新需求所激发的应用场景构建汽车共享出行的新型商业模式,新模式又对创新技术提出了新的要求,从而向汽车共享出行生态圈不断注入新活力、新动力以及新魅力:

互联网造车势力设计理念先进且近年来伴随着产能逐步成熟放量,对传统厂商和产业链形成了较大挑战,国内互联网造车新势力例如蔚来、理想、小鹏等在进行早期大量研发投入、经过市场洗礼后均已进入稳步发展阶段。特斯拉在辅助驾驶方面具有的核心技术以及前期积累的技术成果帮助其市值不断升高。与此同时,传统厂商也在不断推进智能网联车辆技术的发展,例如,大众推出的 ID 系列销量也在节节攀升。

无人驾驶的路测已经在深圳、北京等地展开,2017 年 12 月深圳无人驾驶公交车正式上路,2018 年 1 月,北京市出台了"加快推进自动驾驶车辆道路测试有关工作的指导意见和管理实施细则"两个指导性文件并选定在大兴区的亦庄设立首条无人驾驶试点道路。2019 年 9 月 22 日,国家智能网联汽车(武汉)测试示范区正式揭牌,揭牌仪式上,百度、海梁科技、深兰科技三家企业获得了当地颁发的首批 7 张无人驾驶汽车载人试运营许可证,这意味着,智能汽车不仅可以走出封闭测试场到公开道路上进行载人测试,也可以进行商业化运营了,这得益于中国成熟领先的 5G 技术。这是中国载人智能汽车从测试走向商业化的破冰之旅,说明中高等级的智能汽车真正上路行驶的时代渐行渐近,揭示了智能汽车网联化发展的趋势,也是智能汽车演化状态的又一表现。与此同时,以谷歌、百度为代表的互联网企业入局智能网联汽车领域,直接切入 L4 级、L5 级的无人驾驶方式。汽车共享出行也是无人自动驾驶技术成熟之后的最佳应用场景,目前众多企业纷纷推进无人自动驾驶在共享出行领域方面的发展。

《燃油禁售令》的出台虽然可能促使无人驾驶车辆和智能网联车辆的普及,但是其出台的时间节点和试行的区域对于当局具有很大的挑战性,过早出台会导致相关行业迅速进入低迷期。汽车共享出行目前正处于市场探索发展时期,还存在许多需要政府助推才能解决的问题:一方面,关于共享出行的政策尚未完善,消费者信用体系尚未健全;另一方面,汽车共享出行领域投入成本较高,可持续发展的商业模式还未清晰,短期内无法实现盈利。智能路网设施的投入需要大量的人力物力,这将会是面向智能网联的共享出行的重要投入壁垒。人工智能技术是影响智能汽车演进的技术壁垒。

7.3.3 面向智能网联的共享出行的展望

7.3.3.1 智能网联在共享出行中的应用场景

当今共享出行平台的数量已经非常之多,共享经济模式是智慧交通系统运行的重要社会经济背景,《建设纲要》中也将"共享化"作为"四化"其中的一个目标。随着智能网联技术和自动驾驶的发展,未来的共享出行将会呈现出以下几个场景。

(1)乘客需要用车时,拿出智能手机在网约车 App 上进行预约,系统会自动匹配距离乘客最近的汽车,充满电的自动驾驶汽车会从充电站或其他补给站自动抵达乘客上车点,并将乘客送到目的地,如果乘客出行距离超过该汽车最大续行能力,则系统会选择另一辆充满电的汽车抵达合适的地点进行换乘,实现接续接驳。原有汽车将会寻找充电站直到充满电量接受下一次任务。该出行方案可以有效解决当前存在的充电困难和续行较短的问题。定制共享新模式能够为用户提供不同出行场景所需最合适的车型,如方便残疾人使用的无障碍出行车、主打旅游体验的导游车、配置休闲小吃的娱乐车以及辅助个性办公的商务车,使用户可以尽情享受出行过程,从而满足用户出行体验。智慧共享新模式能够实现无人自动驾驶,用户可以以更高精度、更安全的方式进行共享出行;同时,绿色智能化汽车使城市污染、交通拥堵得以缓解,万物互联时代使乘客的出行效率、交通管理效率得以提升,乘客得以更充分享受智慧共享出行所带来的优质体验。

(2)多种智能工具车、智能专用车将会出现。例如,在机场、车站等区域,针对行李较多的人群或其他行动不便的人群,会有专门的接驳车接送他们从安检区域到登机口或检票口;

工业园区内运送货物的车辆实现无人驾驶、自动规划路径、自动卸货等功能。

(3)车辆的归属权发生变化,汽车分类将会重新进行定义。当共享无人驾驶汽车成为成熟的城市出行解决方案以后,现有的汽车所有权归属问题将发生重大变化,私家车将消失,汽车将不再有私家车和公交车的区分,汽车只分为智能载人汽车、其他智能专用车(如智能物流车、智能垃圾清理车)等,系统会根据用户运载需求自动配给不同的智能车。单人出行时,系统配给一辆小型载人车(或可称之为无人驾驶胶囊车);多人同时出行时,系统配给一辆大型载人车,或者根据乘客需求,配给多辆无人驾驶胶囊车,这些无人驾驶胶囊车首尾相接,形成胶囊车组。到那时,人们不必为汽车的能源补给、维修及如何停放忧心,可随时根据自己的需求通过平台召唤承载力合适的智能车,节约了个人出行成本。

(4)共享汽车成为一个智慧移动空间,其智能性体现在用先进传感器、控制器等装置,通过车载传感系统实现人、车、路三者之间的信息交换,使车辆能够感知外部环境、分析行车安全状态。在车内,更多人机交互的功能将会添加到汽车当中。随着信息通信技术、大数据和云计算等技术的发展,汽车会和智能手机一样实现服务动态化。例如,开车遇到了喜欢去的购物中心汽车的语音系统会主动询问你是不是想去里边购物放松一下。

这些出行场景都来源于未来智慧交通系统构建的一个框架之内,它将会在信息通信技术的支持下,在智能路网规划、智能交通法规、共享经济运行机制、燃油车禁售令等一系列法规制度的保障下自发演化并实现。

7.3.3.2 智能网联在共享出行行业发展展望

随着交通出行在逐步朝向低碳化、智能化、互联化的模式发展,城市同时也在朝着可持续化、管理动态化、治理现代化的方向快速发展转型,面向智能网联的共享出行系统作为未来交通出行的重要环节,对城市可持续发展、智慧城市建设具有很大的战略支撑作用。因此,对于面向智能网联的共享出行系统具有以下几点展望。

(1)未来汽车的使用方式和产品内涵将会发生极大的改变,无人驾驶汽车和智能手机一样成为居民日常生活使用率最高的商品,共享汽车领域人工驾驶汽车将会完全被自动驾驶汽车取代,新材料、新结构、新功能使得汽车产品形态发生颠覆性变化,居民共享出行更加舒适便捷;汽车成为万物互联的重要的一个环节,共享出行已经不仅仅是一种简单的出行方式,共享汽车也不仅仅是一个独立的个体。

(2)共享汽车的参与方会越来越多,不仅有政府、汽车厂商、互联网平台、用户,城市大数据管理平台、信用体系平台、基础设施平台智能化建设承包商等也会参与进来,多方共同构建智慧共享出行集成化体系。

(3)智能路网的建设投入、人工智能的发展,产、学、研、管、用等领域的开放合作,协同研发,"互联网+"的商业化思维帮助智能网联及共享出行相关企业吸引融资,增加智慧共享出行的普及度。

(4)居民出行理念将会彻底被改变,汽车成为一个按需取用、公众共享的社会服务工具,智能网联汽车的共享使得城市运行效率增高,居民对于城市各类资源的享用有了更加方便快捷的抵达方式,汽车从一个简单的代步工具成为一个个性化的智慧服务空间,居民乘车出行将会是一个享受互联网及汽车工业进步的一个过程,面向智能网联的城市共享出行对于提高居民幸福感具有很大的战略支撑作用。

参 考 文 献

[1] 中商产业研究院.网约车合规化提速2020年一季度网约车行业用户规模达3.62亿人[EB/OL].2020.04.29.

[2] 智研观点.2018年中国网约车交易规模达2720亿元,行业合规压力加大,市场竞争日趋激烈,出行服务成为"兵家必争之地"[EB/OL].2019.05.13.

[3] 周惠.网约车管理政策创新扩散影响因素研究[D].华南理工大学,2020.

[4] 李冬萌.《新京报》网约车媒介形象研究[D].烟台大学,2021.

[5] 曹文轩.杭州网约车司机职业现状观察[D].浙江大学,2020.

[6] 孙慧,赵道静."网约车"司机的群体特征与职业困境[J].青少年研究与实践,2021,36(01):10-15.

[7] 郭琨."网约车"安全法律问题研究[D].中国矿业大学,2018.

[8] 李朋灏.顺风车合作监管法律问题研究[D].西南政法大学,2019.

[9] 朱昊.上海智慧停车发展状况和趋势探讨[EB/OL].2017.11.15.

[10] SHAHEEN S,SPERLING D,WAGNER C. Carsharing in Europe and North American:Past,present,and future[J]. Transportation Quarterly,1998.52(3),35-52.

[11] 极光研究院.2020年共享汽车发展趋势研究报告[R].2020.07.

[12] 易观智库.中国共享汽车市场白皮[R].2020.12.

[13] 胡静,邓俊泳.标准《汽车驾驶自动化分级》(报批稿)解析[J].环境技术,2020,38(03):192-195.

[14] Dey K C,Yan L,Wang X,et al. A review of communication,driver characteristics,and controls aspects of cooperative adaptive cruise control(CACC)[J]. IEEE Transactions on Intelligent Transportation Systems,2016,17(2):491-509.

[15] 于杰.节能与新能源汽车技术路线图正式发布[J].汽车纵横,2016(11):82-85.

[16] 高凤.《智能网联汽车技术路线图2.0》解读[J].物联网技术,2020,10(11):3-4.

[17] 中国公路学会.《车路协同自动驾驶系统分级定义与解读报告》[R].2020.

[18] 冉斌,谭华春,张健,曲栩.智能网联交通技术发展现状及趋势[J].汽车安全与节能学报,2018,9(02):119-130.

[19] Amadeo M,Campolo C,Molinaro A. Information-centric networking for connected vehicles:a survey and future perspectives[J]. IEEE Communications Magazine,2016,54(2):98-104.

[20] Parent M,Gallais G. Intelligent transportation in cities with CTS[C]// Proceedings. The IEEE 5th International Conference on Intelligent Transportation Systems. IEEE,2003,826-830.

[21] 陈超,吕植勇,付姗姗,等.国内外车路协同系统发展现状综述[J].交通信息与安全,2011,29(01):102-105+109.

[22] Campbell K L. Detailed planning for research on making a significant improvement in highway safety[C]. In Transportation Research Board(TRB). 2003.

[23] Diewald W J. The federal role in highway research and technology: Time for a change of direction[R]. 2006, 31-34.

[24] Nadeem T, Dashtinezhad S, Liao C, et al. TrafficView: Traffic data dissemination using Car-to-Car communication[J]. ACM SIGMOBILE Mobile Computing and Communications Review, 2004, 8(3): 6-19.

[25] Shladover S E, Su D, Lu X Y. Impacts of cooperative adaptive cruise control on freeway traffic flow[J]. Transportation Research Record, 2018, 63-70.

[26] Vicente M and Shladover S E. Modeling cooperative and autonomous adaptive cruise control dynamic responses using experimental data[J]. Transportation Research Part C: Emerging Technologies, 2014, 48: 285-300.

[27] 史自力. 日本汽车产业成长特点及其对中国汽车工业发展的借鉴意义[J]. 经济与管理研究, 2006(01): 70-75.

[28] 唐克双. 日本ITS的最新动向——改善道路交通安全的路车协调系统的开发和运用[J]. 城市交通, 2007(05): 97.

[29] Morioka Y, Sota T, Nakagawa M. An anti-car collision system using GPS and 5.8 GHz inter-vehicle communication at an off-sight intersection[C]// Vehicular Technology Conference Fall 2000. IEEE VTS Fall VTC2000. 52nd Vehicular Technology Conference (Cat. No. 00CH37152). IEEE, 2000.

[30] Toulminet G, Boussuge J, Laurgeau C. Comparative synthesis of the 3 main European projects dealing with Cooperative Systems (CVIS, SAFESPOT and COOPERS) and description of COOPERS Demonstration Site 4[C]. Intelligent Transportation Systems, 2008. ITSC 2008. 11th International IEEE Conference on. IEEE, 2008: 809-814.

[31] 杨博文. 智能交通系统的研究现状及发展趋势分析[J]. 中国设备工程, 2019(02): 121-122.

[32] 温昕. 欧洲发布网联自动驾驶路线图[J]. 智能网联汽车, 2019(05): 14-15.

[33] 冉斌. 世界智能交通进展与趋势[J]. 中国公路, 2018(14): 22-23.

[34] 王笑京, 张纪升, 宋向辉, 等. 国际智能交通系统研发热点[J]. 科技导报, 2019, 37(06): 36-43.

[35] 于胜波, 陈桂华, 李乔, 等. 国内外智能网联汽车道路测试对比研究[J]. 汽车文摘, 2020(02): 29-36.

[36] Amoozadeh M, Deng H, Chuah C N, et al. Platoon management with cooperative adaptive cruise control enabled by VANET[J]. Vehicular Communications, 2015, 2(2): 110-123.